인지언어학과 중국어 어순

중국언어학연구총서 4

인지언어학과 중국어 어순

이 운 재

역락

〈중국언어학연구총서〉를 펴내며

우리에게 중국에 대한 연구가 중요하다는 것은 새삼 강조할 필요가 없습니다. 그럼에도 정치외교학이나 경제학적인 연구에 비해 인문학적인 중국 연구는 아직 부족한 편입니다. 인문학의 한 분야인 중국언어학 분야 역시 아직 가야할 길이 멉니다. 중국언어학연구는 그동안 비약적으로 발전해왔습니다. 우리나라에서 중국언어학 연구가 시작된 이후 최근까지의 중국 언어에 대한 연구는, 중국어를 어떻게 가르칠 것인가에 초점을 둔 실용적이고 기능적인 측면이 강했습니다. 그러나 중국에 대한 이해의 중요성이 커지면서 중국어 교육이라는 실용적 측면 외에 중국어 자체의 특성과 그러한 특성을 만들어내는 중국인의 사유방식을 이해하려는 노력이 중요해지고 있습니다. 그래서 중국의 언어 연구는 과거의 구조분석 중심에서 출발하여 의미를 중심으로 한 탐구, 인지적 접근, 유형론적 연구 등 다양한 연구가 시도되고 있습니다.

또한 현대중국어는 물론 고대중국어에 대한 연구도 계속되고 있습니다. 현대중국어의 모습이 현대라는 시점에서만 만들어진 것이 아니며 고대로부터 이어진 문화적, 언어적 전통의 연속선상에 있다는 점에서 고대중국어에 대한 연구는 중요합니다. 결국 고대중국어에 대한 연구는 중국인의 사유를 이해하는 중요한 한 측면이며 바로 현대 중국을 이해하는 것이 되는 것입니다.

이번에 간행되는 <중국언어학연구총서>는 이와 같은 최근 중국의 언어에 대한 연구 성과를 반영하고 있습니다. 특히 국내외의 연구 성과를 잘 알 수 있는 중국언어학 분야의 박사논문이 그 주요 대상이 될 것입니다. 이 총서의 간행을 통해 중국언어학 연구가 처해있는 현실을 살펴보고 향후 어떤 연구가 이루어져야 하는지 등에 대한 학계의 논의가 더 활발해지기를 기대해봅니다.

출판계의 힘겨운 여건 속에서 이러한 연구총서를 간행한다는 것은 매우 용기있는 일입니다. 그럼에도 학문의 발전에 대한 열정으로 이 일에 나서주신 역락출판사의 이대현 사장께 고마움을 전하고자 합니다.

2014년 12월

기획위원

연세대학교 중문과 교수 김현철

서울대학교 중문과 교수 박정구

서울대학교 중문과 교수 이강재

머리말

　이 책은 필자의 박사 학위논문을 수정하여 펴낸 것이다. 이 책의 목적은 인지언어학의 이론을 적용하여 현대중국어 어순에 담겨있는 본질적인 특성을 규명하는 데 있다. 인지언어학의 중요한 방법론 중의 하나인 개념적 은유와 도상성 원리는 신체적, 물리적 경험을 바탕으로 사고하고 추론하는 방식이며 언어가 자의적이 아닌 상징적이고 개념화된 체계임을 보여주고 있다. 개념적 은유에서는 공간영역과 시간영역을 중요한 개념으로 간주하고 있다. 두 영역은 '시간은 공간이다'라는 은유적 표현으로 제시되는데 이 책에서는 이를 '개념적 공간 모형'과 '개념적 시간 모형'으로 구별하여 현대중국어 어순을 논의하는 근간으로 삼았다. '개념적 공간 모형'에서는 '시각화 공간'과 '관계 공간'으로 구별하여 현대중국어의 공간 구성방식에 대해서 논의하였다. 시각화 공간은 현저성, 한정성, 정보의 가치에 따라 '배경−전경', '구정보−신정보', '주제−평언', '주제−초점', '한정성−비한정성'의 이원적 공간으로 구별하여 논의가 이루어졌다. 관계공간은 개념적 공간 모형과 개념적 시간 모형을 계승 연결시키는 중요한 요소이다. 관계공간에서는 작용력과 인접성으로 구별하여 현대중국어의 시·공간적 특징에 대해서 살펴보았다. 작용력은 외부적 에너지로서 시간에 따라 사건참여자들의 정적, 동적 상태를 나타내는 어순의 기본적 기제이다. 작용력이 우주 삼라만상에서 사물을 변화시키거나 잠재적 에너지로 존재하듯이 언어에서도 어순이나 표현에 반영할 수 있다. 인접성은 시간순서의 원리만으로 설명하기 어려운 문장성분의 배열을 설명하는 데 유용하게 적용할 수 있다. 인접성에서는 문장성분 간의 거리적 관계가 상호 영향관계에 의해 설정되어 있음을 논의하였다. '개념적 시간 모형'에서는 현대중국어의 다양한 구문을 시간순서 모형과 비-시간순서 모형으로 구별하여 논의를 하였다. 시간순서 모형에서는 표층형식에서 문장성분이 시간의 흐름에 따라 배열된다는 전제하에 '이동 도식', '사동 도식', '연결 도식', '전달 도식'에 내재된 현대중국어 어순의 공간성과 시간성에 대해 논의하였다. 비-시간순서 모형에서는 '존재 도식'과 '비교 도식'을 다루었는데 이들 사건 도식이 시간순서에 의해 구조화되어 있음을 감지하기 어렵지만 이들의 순서 역시 공간성과 시간성이 내재되어 있음을 밝혔다. 그동안의 집필 과정에서 필자는 언어가 인간의 '사유'와 긴밀하게 관련이 있다는 것을 항상 염두하고 있었다. 이에 따라 현대중국어 어순에 중국인의 사유방식이 어떻게 실현되고 있는지 집중적으로 다루어진다. 만약 이 책의 내용을 전반적으로 이해한다면 중국어 어순을 통해서 중국인들의 사유방식을 어느 정도 감지할 수 있을 것이다.

이 책을 내기까지 필자는 많은 분들의 도움을 받았다. 먼저 필자의 지도교수인 이강재 선생님께 감사의 말씀을 드린다. 이강재 선생님이 주신 용기와 격려에 힘입어 박사논문 집필을 잘 마무리할 수 있었다. 박사논문을 심사해주신 허성도 선생님, 오수형 선생님,

오문의 선생님, 김현철 선생님께도 감사의 말씀을 드린다. 선생님들의 깊이 있는 통찰력과 세심한 지적으로 두서없었던 논문이 풍성해졌다. 필자는 또한 논문을 쓰는 데 아낌없는 격려를 보내주신 이영주 선생님께도 감사의 말씀을 드리고 싶다. 언제나 좋은 의견과 가르침을 주시는 박정구 선생님과 백은희 선생님에게도 깊은 감사의 말씀을 드리고 싶다. 서울대학교 중문학과 선생님과 한 식구처럼 지내는 동학들에게도 감사의 말씀을 드린다. 이 책의 출간에 힘써주신 도서출판 역락의 이대현 사장님에게 감사를 드리며 이 책을 깔끔하게 편집해주신 이소희 선생님께도 감사를 드린다.

끝으로, 존경하는 어머니에게 간절한 마음을 담아서 사랑한다는 말을 전하고 싶다. 필자의 어머니는 묵묵하게 둘째 딸을 믿어주시고 격려해 주셨다. 작은 보답이 될지는 모르겠지만 사랑하는 어머니에게 이 책을 드린다.

2014년 12월
이운재

차 례

제1장

현대중국어 어순

1. 현대중국어 어순을 어떻게 볼 것인가?

언어는 기본적으로 의사소통의 필연성에 의해서 생겨났다. 일정한 수의 낱말을 가지고 다양한 의미적 연결을 통해 자신의 생각을 표현하면 상대방이 이를 수용하는 과정에서 의사소통이 이루어진다. 이는 음악의 세계에서도 마찬가지이다. 언어와 음악이 기호를 매개로 한 소통 방식을 선택하고 있기 때문이다. 언어와 음악의 기호는 약속된 순서에 따라 입력이 이루어져야만 타인과의 교감과 소통을 성공적으로 달성할 수 있다.

언어적 측면에서 어순(word order)이란 자립성을 지닌 낱말(기호)의 순서적 배열을 가리키며, 선형적, 계기적(繼起的) 속성을 가지는 보편적인 자질[1]이다. 자립성을 지닌 낱말들은 선형적

---

1) 이원우(1984 : 3) 참조.

연쇄를 통해서 하나의 구, 절, 문장 단위를 이루면서 유기적이고 복잡한 의미 체계를 이루게 된다.

우리는 이 책에서 문장성분의 순차적 배열에 그 언어를 사용하는 민족의 사유방식이 내재되어 있다고 보고 있다. 이에 따라 현대 중국어 어순을 중국인의 사유방식과 관련해서 논의하고자 한다. 또한 영어와의 비교를 통해서 언어 유형학적으로 두 언어의 차이점이 어떻게 실현되고 있는지도 살펴보게 될 것이다.

중국어 어순에 대한 최초의 체계적인 연구는 馬建忠의 ≪馬氏文通≫에서 이루어졌다. ≪馬氏文通≫에 보이는 "盖句讀所集之字, 各有定位, 不可易也"[2]에서는 馬建忠의 언어적 담론이 잘 드러난다. 이후 많은 학자들이 현대중국어 어순에 대한 연구를 하였으며, 대부분의 학자들은 중국어의 특징을 '어순의 고정성'이라고 지적하였다. 어순에 대한 연구는 통사론, 의미론, 기능 언어학, 화용론적 분석이 주를 이루고 있으며 최근 들어 인지언어학적 방법론이 주목을 받고 있다. 인지언어학은 기본적으로 사람의 사유방식이 근간이 되는 연구 방법인데 언어 역시 인간의 사고를 표현한다는 점에서 공통점이 존재한다.

인지언어학자들은 현대중국어의 문장성분 배열이 시간순서에 따라 전개되고 있다는 사실에 주목하고 있다.

(1) a. 他跑累了。
    b. ₁*他累跑了。

---

2) 馬建忠(1983 : 30) 인용.

그는 뛰느라 피곤했다.

(1)에서 문장이 성립되는지의 여부는 '跑'와 '累' 간에 우선 순위를 어디에 두느냐가 관건이다. 달리고 난 뒤에 피로감을 느끼는 것이 자연스럽기 때문에 이를 순차적으로 배열한 (1a)가 자연스럽다. 다음의 예시를 살펴보기로 하자.

(2) a. 一杯咖啡
   커피 한 잔
  b. *一杯的咖啡
   한 잔의 커피
(3) 这有名的好吃的意大利葫芦比萨
   이 유명하고 맛있는 이탈리안 페파로니 피자

(2)에서 '수사＋양사＋명사'의 형식과 (3)에서 중심명사 '피자'를 수식하는 관형어의 순차적 배열은 시간순서의 원리만으로 설명하기는 어렵다.

다음의 예문에서 문장의 사건 순서는 시간의 순서대로 배열되어 있지만 모두 적격한 문장으로 간주하기 어렵다.

(4) a. 我扔了几个苹果在地上。
   나는 사과 몇 개를 땅에 던졌다.
  b. ?我扔了几个苹果在他脸上。
  c. 我把几个苹果扔在他
   나는 사과 몇 개를 그의 얼굴에 던졌다.

(4)에 대해서 중국인은 a와 c에 대해서만 자연스럽다고 판단하고 b에 대해서는 어색하다고 판단하고 있다. 이러한 언어적 사실 역시 시간순서의 원리만을 적용해서 중국어 어순을 설명하는 것은 문제가 있음을 보여준다.

다음의 예문은 다수의 학자들이 시간순서의 원리로 설명하기 어렵다는 견해를 제시하고 있다.

> (5) 他住在北京。
> 그는 베이징에 산다.
>
> (6) 桌子上有一本书。
> 탁자 위에 책 한 권이 있다.
>
> (7) 他比我高。
> 그는 나보다 키가 크다.

(5-7)은 '행위자가 어디에 거주', '어디에 물건이 있음', '사람 간의 척도 비교'에 대한 객관적인 사실을 표현하고 있다. 따라서 이들의 어순이 시간순서의 원리를 준수하고 있다는 사실을 감지하기는 쉽지 않다. 그러나 우리는 이 책에서 이러한 구문에 시간순서의 원리가 내재되어 있다는 것을 전제로 논의하려고 한다.

지금까지 살펴보았듯이 시간순서의 원리만을 가지고 현대중국어 어순의 본질적인 특징을 규명하지 못하고 있음을 확인할 수 있다. 이 책에서는 이에 대한 문제점을 현대중국어 어순에 내재된 공간성에 대한 논의를 소홀히 했다는 점에서 찾고 있다. 고도로 추상적인 개념인 시간은 공간과 연결되는 은유적 표현을 통해서 이해할 수 있다. 우리는 '시간은 공간이다', '시간의 흐름은 움직임이다', '시간은 변화이다'와 같이 시간의 추상적인 속성을 이끌어낼 때 공간의 이동이나 상태변화의 개념을 대응시켜서 이해하고 있다. 은유적 표현에서 볼 수 있듯이 시간을 이해하기 위해서는 시간 속에 내재된 공간적 함의를 살펴보아야 한다. 이에 따라 이 책에서는 공간성과 시간성을 연결한 통합적인 시각에서 현대중국어 어순을 논할 것이다. 이를 위한 이론적 근거로 인지언어학의 방법론을 적용하기로 한다.

인지언어학은 공간개념과 시간개념을 깊이 있게 다루고 있는 학문 영역이다. 인지언어학의 중요한 방법론 중에서 개념적 은유(conceptual metaphor)와 도상성 원리(iconicity principle)는 현대중국어의 어순과 언어 체계에 대한 타당한 설명력을 제공해 줄 것으로 기대하고 있다. 인지언어학적 방법론을 실제적으로 적용하기 위해서 현대중국어에서 출현빈도가 높은 구문을 선정하여 논의하였다. 논의에 사용된 예문은 기존의 논문과 북경대학교 현대중국어 코퍼스 언어 데이터에서 선별적으로 추출하였다. 이 책의 주요 논의는 이론적 측면과 응용적 측면으로 구성되어 있다. 1.2절에서는 이론적인 측면을 주로 논할 것이다. 1.2절에서 제시된 예문과 함께 이론적인 측면을 차분하게 살펴본다면 앞으로 논의가 어떻게 전개될 것인지에 대한 기본적인 틀이 갖춰지게 될 것이다. 2장에서는 시·공간 개념이 어순에 어떻게 반영되고 있는지 살펴보게 될 것이다. 3장에서는 중국어 어순에 내재된 공간적 특징을 논할 것이다. 문장에 내재된 공간 구성방식을 살펴봄으로써 중국인의 사고방식을 일정정도 이해할 수 있을 것이다. 4장에서는 구문을 하나의 사건으로 간주해서 논의가 이루어지는데 구문이 나타내는 핵심 의미에 따라서 다양한 사건 도식으로 분류하게 된다. 가령 사동의미와 관련된 구문은 '사동 도식'으로 부를 것이다. 사건 도식은 시간성과 공간성의 특징을 가지고 있으므로 현대중국어 어순에 내재된 시·공간 개념을 살펴보는 데 유용하게 적용될 것으로 보인다. 우리는 이러한 연구가 현대중국어의 어순을 이해하고 실제 발화에 적용하는 데에도 도움이 될 수 있으리라 기대하고 있다.

2. 인지언어학에 근거한 어순의 기본적 기제

2.1. 개념적 은유

인지언어학에서 은유란 우리가 사고하는 방식이며 사고와 추론의 과정을 거쳐서 이루어지는 개념적 은유(conceptual metaphor)를 가리킨다. 개념적 은유는 추상적인 개념을 좀 더 구체적인 개념으로 이해할 수 있는 인지과정을 내포하고 있다. 가령 '인생은 여행이다'라는 은유에서 추상적 개념인 '인생'은 구체적 개념인 '여행'을 통해서 이해할 수 있다. 인생에서 탄생, 삶의 과정, 죽음은 여행에서 출발지, 활동, 목적지와 대응된다. 인지언어학에서는 이러한 대응관계를 '사상(mapping)'이라는 용어로 표현하고 있다.

개념적 은유에서 근원영역(source domain)과 목표영역(target domain)

은 중요한 요소이다. '인생은 여행이다'라는 은유적 표현에서 근원
영역이 구체적 개념인 '여행'이라면 목표영역은 추상적 개념인 '인
생'으로 이해할 수 있다. 또 다른 예를 들면, 'TIME IS SPACE(시간
은 공간이다)'의 은유적 표현에서 'SPACE(공간)'는 구체적으로 감각되
고 경험할 수 있는 근원영역으로 간주된다. 'TIME(시간)'은 '공간'
에 의존해서 감지할 수 있는 추상적 개념인 목표영역으로 간주된
다. 이 책에서는 '개념적 공간 모형(conceptual space model)'과 '개념적
시간 모형(conceptual time model)'을 제시하였는데, '개념적 공간 모형'
은 근원영역으로 이해할 수 있으며 '개념적 시간 모형'은 목표영역
으로 이해할 수 있다.

다음은 현대중국어 어순에 설정된 시·공간 모형의 사상관계를
나타낸 것이다.

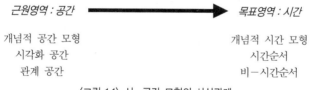

근원영역 : 공간   ⟶   *목표영역 : 시간*

개념적 공간 모형	개념적 시간 모형
시각화 공간	시간순서
관계 공간	비−시간순서

〈그림 1.1〉 시·공간 모형의 사상관계

〈그림 1.1〉에서 화살표는 근원영역과 목표영역 간에 사상이 이
루어지고 있음을 나타낸다. 이러한 사상관계는 개념적 공간 모형과
개념적 시간 모형에서도 동일하게 적용되고 있다. 개념적 공간 모
형의 하위체계를 이루는 시각화 공간은 '배경−전경', '구정보−신
정보', '주제−평언', '주제−초점', '한정성−비한정성'의 이원적

공간으로 구성되어 있다. 시각화 공간에서 제시되는 공간 구성방식
은 관계 공간을 통해서 개념적 시간 모형으로 상속된다. 개념적 시
간 모형에서는 '시간순서'와 '비-시간순서'로 나누어 다양한 구문
의 시·공간적 특징을 논할 것이다.

　레이코프와 존슨(Lakoff & Johnson, 1980)은 은유에 대한 정의를 통
해서 은유의 목적은 '이해'이며 환유의 목적은 '지시'라고 설명하
였다. 그러나 은유 또한 지시 기능을 가질 수 있으며 환유 또한 이
해 기능을 가질 수 있다는 점을 분명하게 밝히고 있다. 이는 관계
공간의 하위체계인 '작용력'과 '인접성'을 설명하는 이론적 근거가
된다. 이에 환유 역시 현대중국어 어순을 고찰하기 위한 방법론으
로 적용하려고 한다.

2.2. 사건 도식

　'개념적 시간 모형'에서는 현대중국어 구문을 용기(그릇, container)
로 간주되는 사건 도식(event schema)[3])에 담아서 어순에 대한 논의가
이루어진다. 사건 도식은 공간성과 시간성으로 특징지어지기 때문
에 현대중국어에 내재된 시·공간적 특징을 살펴보는 데 중요한
영상도식이다.

---

3) Lakoff & Johnson(1980 : 127)은 "Linguistic expressions are CONTAINER and their
　meanings are the content of those containers(언어 표현은 용기이며, 그 의미들은 그릇
　에 담겨진 내용이다)"라는 은유적 표현을 제시하면서 사건 도식을 설명하고 있다. 김
　종도(2003)는 사건 도식에 대해서 현실세계의 체험을 기반으로 형성된 사건의 특징
　을 개념화한 도식이라고 하였다. 또한, 사건 도식은 공간성과 시간성을 내재하고 있
　으며, 우리로 하여금 질서를 구성할 수 있도록 해주는 동적인 구조라고 하였다.

사건 도식에 담겨지게 될 다양한 구문의 사건구조는 다음과 같은 은유적 표현으로 나타낼 수 있다.

(8) 상태는 위치이다.
변화는 이동이다.
원인은 힘이다.
목적은 목적지이다.

사건 도식의 내적구조는 출발공간과 목표공간으로 이루어졌으며 작용력에 의해서 사건참여자의 상태변화가 초래된다. 따라서 작용력은 원인을 유발시키는 원천적인 '힘'으로 이해할 수 있다. '목적은 목적지이다'라는 은유적 표현은 화자가 전달하려는 중요한 메시지가 목표공간에 담겨있다는 것을 의미한다. 이에 따라 출발공간에 비해 정보적 가치가 높은 목표공간은 자연스럽게 인지적 현저성(prominance)을 부여받게 된다.

다음은 사건 도식을 그림으로 나타낸 것이다.

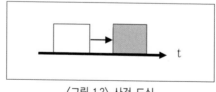

〈그림 1.2〉 사건 도식

〈그림 1.2〉에서 경계지어진 외곽의 윤곽선은 용기에 해당하는 사건 도식을 나타낸다. 사건 도식의 내부를 살펴보면 시간의 축 t

위에 두 개의 공간이 위치하고 있다. 왼쪽은 출발공간을 나타내고
오른쪽은 목표공간을 나타낸다. 두 공간을 연결하고 있는 화살표는
작용력이다. 출발공간에 존재하는 사건참여자는 목표공간에 도달하
여 양적, 질적 변화를 경험하므로 목표공간이 더 부각되는 경향으
로 나타나고 있다. 한편 목표공간의 현저성은 시각화 공간에서 구
축된 공간 구성방식이 개념적 시간 모형으로 계승되고 있음을 명
시적으로 보여주고 있다.

이제 다음의 예문을 통해서 '사건 도식'의 특징을 살펴보기로 한다.

(9) 小王打伤了那个人。
샤오왕이 저 사람을 때려서 상처를 입혔다.
(10) 气候变熟苹果了。
기후는 사과를 익게 했다.
(11) 这场饥荒饿死了不少人。
한차례 기근은 적지 않은 사람들을 굶어 죽게 했다.

위의 예문은 모두 사동의미를 나타내므로 사건 도식의 유형인
'사동 도식'으로 분류된다. (9)를 사동 도식에 넣으면 '小王打那个
人'은 출발공간에, '导致那个人伤了'은 목표공간에 담겨져서 이원적
공간 구조를 이루게 된다. 사건 도식은 사건의 출발과 목표 도달이
라는 공간성과 시간성을 내재하고 있으며 독립된 두 사건은 작용
력에 의해서 통합된 사건으로 인식되고 있다.

2.3. 도상성 원리

언어 도상성의 인식은 최초 고대 그리스 철학자가 '말'과 '대상' 사이의 관계가 '성질'에 근거하는지 '규정'에 근거하는지에 대한 논쟁과 중국의 선진시기 철학자의 '명제'와 '실상'의 관계에 대한 논의로 거슬러 올라간다.[4] 현대 언어학에서 소쉬르(saussure, 1983)는 '기의'와 '기표'의 관계는 자의적이지만 기호의 순서가 결합되는 방식은 비교적 동기 부여된다고 하였다. 이러한 견해는 소쉬르가 부분적으로 언어의 도상성을 인정하고 있다는 근거이다. 이후 도상성에 대한 논의는 한동안 이루어지지 않다가 퍼스(Peirce)의 기호관을 예리하게 통찰한 제콥슨(Jakobson)에 의해서 다시 언어학적 화두가 되었다. 언어적 도상성은 의성어에서부터 어순, 담화, 문학 텍스트에 이르기까지 다양하게 연계된다. 이는 언어가 상징적 체제로서 자연적 동인뿐만 아니라 인간의 사고체계와 긴밀하게 연결되어 있다는 것을 분명하게 보여주고 있다.

하이만(Haiman, 1988)은 도상성을 '유상성'과 '동기성'으로 구별해서 설명하였다. 언어적 측면에서 유상성은 구조와 의미간의 일대일 대응관계를 나타낸다. 동기성은 관련된 구조 간의 형태적 차이는 의미적 차이를 반영한다는 것이다. 동기성은 언어의 구조적 관계, 지칭성, 개념구조와 직접적으로 관련되므로 현대중국어 어순을 분석하는 데 유용하게 적용할 수 있다. 이 책에서는 현대중국어 어순을 살펴보기 위해 도상성 원리 중에서 시간순서의 원리, 인접성의

---

4) 张敏(1998) 참조.

원리, 작용력의 원리를 가지고 사건 도식에 내재된 현대중국어 어순의 공간성과 시간성에 대한 논의가 이루어진다.

2.3.1. 시간순서 원리(temporal sequence principle)

우리는 사태에 대한 도상적 순서를 어순에 반영하려는 경향이 있다. 이와 관련하여 제콥슨(Jakobson, 1965)은 케샤르의 명언 "veni, vidi, vice(왔노라, 보았노라, 이겼노라)"의 사례를 들어 사건의 시간순서에 대해서 언급하였다. 戴浩一(1988)는 현대중국어의 일부 구문을 고찰한 후 중국어 어순은 시간순서 원칙을 준수하고 있다고 주장하였다.

다음의 예문은 시간의 순서에 따라 사태가 변화하고 있음을 나타낸다.

> (12) a. 他坐公共汽车到这儿。
>   그는 버스를 타고 여기에 왔다.
>   b. 他到这儿坐公共汽车。
>   그는 여기에 와서 버스를 탄다.
> (13) a. 张三上楼睡觉。
>   장싼은 위층으로 올라가서 잠을 잤다.
>   b. *张三睡觉上楼。

위의 예문에서 문장성분의 선후 배열이 시간순서에 부합할 경우 자연스러운 문장으로 인식된다. (13b)가 비문인 이유는 정상적인 상황에서 잠을 자고 있는 상태의 '张三'이 위층으로 이동한 행위를 인지적으로 수용될 수 없기 때문이다. 이러한 점에서 어순이 시간 순서의 원칙을 준수하고 있다는 것은 인지적 순서를 반영하고 있음을 의미한다.

　인지적 순서가 반영된 '경험적 동기성'[5]은 우리가 공간, 시간, 사건, 문화 등을 통해 겪는 경험과 순서가 개별언어와 밀접하게 관련되어 있다는 것을 가리킨다. 다음의 용례는 중국어에 반영된 경험적 동기성을 잘 보여주고 있다.

　　　　<공간 순서>
　　　(14) a. 上下, 左右, 东西南北
　　　　　　 b. *下上, 右左, 西东北南
　　　(15) a. 台湾台北罗斯福路三段九十九号
　　　　　　 b. *九十九号罗斯福路三段台北台湾

　　　　　<시간 순서/논리적 순서>
　　　(16) a. 他珍藏着这几本书作纪念品。
　　　　　　 b. *他作纪念品珍藏着这几本书。
　　　(17) a. 桌子上有一本书。
　　　　　　 b. *一本书有桌子上。

　위와 같은 용례를 통해서 문장성분의 선형적 배열은 시·공간의 개념적 순서와 상관관계를 이루고 있다는 것을 확인할 수 있다. 이에 4장에서는 시간순서의 원리가 문장성분의 순서적 배열을 결정하는 데 유용하게 적용되고 있는지에 대해서 논의하기로 한다. 또

---

5) 김두식(2009) 참조.

한 문장성분의 순차적 배열을 시간순서의 원칙만을 가지고 설명할 수 없는 경우에 대해서도 논의하려고 한다. 이러한 논의는 시·공간적 측면에서 중국어 어순과 언어적 체계에 반영된 중국인의 사유방식을 살펴볼 수 있다는 점에서 유용하다.

2.3.2. 인접성 원리(proximity principle)

문장의 요소들은 개념적으로 긴밀한 요소일수록 서로 가까이 있으려는 경향이 있는데 이를 인접성의 원리로 설명할 수 있다. 하이만(Haiman, 1983)은 언어 표현들 간의 거리는 그들 간의 개념적 거리에 상응한다고 하였다. 인접성 원리는 시간순서 원리만을 가지고 문장성분의 순서적 배열을 설명하기 어려울 때 적용할 수 있다.

다음에서 제시한 예시는 시간순서의 원칙만을 가지고 현대중국어 어순을 설명하기 어렵다.

> (18) a. 我(的)爸爸 나의 아버지
> b. 我的书包 나의 책

(18a)의 경우 '的'를 생략하더라도 문법의 적격성 여부에 영향을 미치지 않는다. 이와 달리 (18b)의 경우 '的'를 생략하면 부적격하다는 판정을 받는다. (18)의 어순을 시간순서의 원리만을 가지고 설명한다면 중국어 학습자가 '的'의 존재 여부를 가지고 문법적으로 옳고 그른지 판단하기는 쉽지 않다. 이러한 경우 문장성분의 개념적 거리와 관련된 인접성의 원리를 적용하여 살펴보겠다.

(18ab)에 설정된 수식어와 피수식어의 관계로 살펴보면 두 명사구 간의 물리적, 정신적 관계는 상이하다. (18a)에서 '我'와 '爸爸'는 [+유정성], [+가족]의 의미자질을 공유하고 있다. 이런 경우 두 관계는 친밀하다고 인식되기 때문에 '的'를 생략하여 인접하게 위치시킬 수 있다.

(18b)에서 '我'와 '书包'는 [+유생성]과 [-유생성]의 상반된 의미자질로 구별되므로 두 성분 간의 개념적 거리는 (18a)만큼 긴밀하지 못하다. 이러한 경우 두 성분 사이에 소유격표지 '的'를 삽입해야만 개념적으로 연결 관계가 이루어지게 된다. (18b)처럼 상호 영향관계가 소원한 경우 두 성분은 인접해서 위치하는 경우는 드물며 거리적으로 멀리 위치하는 경향으로 나타난다.

袁毓林(2004 : 9)은 점착 형식의 수식구조에서 두 단어가 거리적으로 인접하는 경우에 지시성의 위계가 높아질 수 있다고 하였다.

(19) 中国朋友 ~ 中国的朋友
　　孩子脾气 ~ 孩子的脾气
(20) 公共汽车 ~ *公共的汽车
　　科研项目 ~ *科研的项目

(19-20)에서 왼쪽의 점착 형식의 수식구조는 오른쪽의 조합 형식의 수식구조보다 지칭성의 위계가 더 높게 나타난다. 따라서 (20)과 같은 '公共汽车', '科研项目'의 점착 형식은 고유명사로 전용되기도 한다.

이제 문장성분의 거리적 관계에서 부정어와 부정되는 명제 간의 거리적 관계를 살펴보기로 하자.

> (21) a. 玛丽不是很幸福。
>   메리가 행복한 것은 아니다.
>   b. 玛丽不幸福。
>   메리는 행복하지 않다.

위의 예문은 부정어 '不'와 형용사 '幸福' 간의 거리적 관계에 따라서 의미적 차이가 발생하고 있다. '不'와 '幸福'의 거리적 관계를 살펴보면, 직접적이고 즉각적인 (21b)가 거리적으로 느슨한 관계인 (21a)에 비해서 부정적 의미가 더 강력하게 표현되고 있다. 완곡한 부정을 표현하는 경우 또는 명제에 대한 부정 판단이 주관적이거나 애매한 경우에 부정어와 부정되는 명제는 (21a)처럼 거리적으로 멀리 위치하는 경향으로 나타난다. 이러한 점에서 문장성분 간의 상호 영향관계에 따른 거리적 관계를 나타내는 인접성의 원리 역시 어순을 결정하는 중요한 기제임을 확인할 수 있다.

2.3.3. 작용력 원리(effect force principle)

작용력은 외부적 힘을 가리키며 문장성분의 선후 배열 관계에 영향을 미치는 내적 성분이다.[6] 작용력은 '감정'의 환유와 관련된다. 감정은 일반적으로 어떤 행동을 초래하는 원인으로 대표되며 이는 '감정은 힘이다'라는 은유적 표현으로 개념화할 수 있다.[7] 이

---

6) 작용력은 Talmy(1988)가 제시한 '힘역학' 개념을 근거로 만든 용어이다. '작용력'에 관해서는 3.2.1에서 논의하기로 한다.

은유에서 근원영역은 '힘'으로, 목표영역은 '감정'으로 이해할 수 있으며 두 영역 간에는 사상관계가 이루어진다. 예를 들면 '힘을 억제하려는 시도'는 '감정적 반응을 통제하려는 시도'로 사상된다.

작용력은 사건 도식에서 출발공간과 목표공간을 연쇄시키며 사건참여자의 상태변화를 초래시키는 에너지이다. 다음은 시간에 따른 작용력의 연쇄과정을 나타낸 것이다.

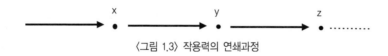

〈그림 1.3〉 작용력의 연쇄과정

작용력은 x, y, z의 사건을 연쇄시키고 있다. <그림 1.3>은 x에서 행위자가 촉발한 작용력이 목표공간인 y에 도달하고 있음을 나타낸다. x를 상속받은 y는 출발공간으로 설정되어 작용력에 의해 목표공간 z와 연쇄되고 있다. 이처럼 x를 상속받은 목표공간 y는 z에 대한 출발공간으로 소환될 수 있으며 사건의 연쇄과정에서 z 역시 출발공간으로 소환되어 후속 사건을 유발시키는 작용력을 촉발하게 된다.

다음의 예문은 행위자가 촉발한 작용력에 의해 'x → y → z' 형식으로 연쇄되는 과정을 보여주고 있다.

(22) 这些马每天由马夫牵到郊外去遛, 放了青, 饮了水, 再牵回来。

---

7) Kövecses(2000)에 의하면 감정의 원인은 감정을 초래하는 사건이나 사물로 개념화될 수 있다고 한다.

> x : 这些马每天由马夫牵到郊外去遛 (이 말들은 매일 마부가
> 교외로 끌고 간다)
> y : 放了青 (방목시킨다)
> z : 饮了水 (물을 먹인다)
> z′: 再牵回来 (다시 끌고 돌아온다)

(23) 我把窗户打开, 让清冽的冷空气进来横扫室内的劣质烟气。
  x : 我把窗户打开 (나는 창문을 열었다.)
  y : 让清冽的冷空气进来 (맑고 차가운 공기를 들어오게 한다)
  z : 导致横扫室内的劣质烟气 (실내의 나쁜 연기를 없앤다)

(22)는 출발공간 x에서 마부가 말을 끌고 가는 행위가 목표공간 y에 상속되면서 교외에 도착한 말들은 방목된다. y를 상속받은 z에서 말들은 물을 먹게 되며 z은 다시 목표공간 z′으로 상속되어 마부와 말이 원래의 장소로 되돌아오면서 전체 사건은 종료되고 있다. (23)의 사건은 출발공간 x에서 행위자가 촉발한 힘에 의해 창문이 열려진 상태가 목표공간 y에 상속되면서 맑고 차가운 공기가 들어오게 된다. 이를 상속한 y에서는 공기가 환기되면서 실내에 변화가 초래되고 있다.

탈미(Talmy, 1988)는 작용력의 네 가지 의미자질을 아래와 같이 제시하였다.

> A. 힘의 실체
>   ㄱ. 주동자(Agonist) : 행위자, 사동자
>   ㄴ. 대립자(Antagonist) : 수동자, 피사동자

> B. 힘의 내재적 경향성
>   ㄱ. 활동 경향(toward action) : 동태성
>   ㄴ. 정지 경향(toward rest) : 정태성
> C. 힘의 균형
>   ㄱ. 강한 실체(stronger entity) : 행위자, 사동자
>   ㄴ. 약한 실체(weaker entity) : 수동자, 피사동자
> D. 힘의 상호작용 결과
>   ㄱ. 동작(action) : 상태변화
>   ㄴ. 정지(rest) : 힘의 보존(holding)

〈도표 1〉 작용력의 의미자질[8]

위에서 제시한 작용력의 의미자질이 어떻게 설정되어 있는지 다음의 예문을 통해서 살펴보기로 하자.

(24) 小王打伤了这个人。
    샤오왕은 이 사람을 때려서 상처를 입혔다.
(25) 大风把树都吹倒了。
    거센 바람은 나무를 모두 넘어뜨렸다.

위의 예문은 전형적으로 사동의미를 가지고 있으므로 사동 도식으로 분류된다. <도표 1>에 따르면 '小王'과 '大风'은 강한 동작성을 지닌 주동자이며 사동사건에서는 '사동자'로 불린다. 사동자의 힘에 대해 반작용을 하는 힘의 대립자 '这个人'과 '树'는 사동사건에서 '피사동자'로 불린다. 이 책에서는 작용력이 시간순서의 원리와 인접성의 원리를 내재하는 요소로 보고 있다. 이는 작용력이 시간의 흐름에 따라 사건참여자의 상태변화나 이동을 초래시킬 뿐만

---

8) Talmy(1988)가 제시한 힘역학 모델(force dynamic model)을 바탕으로 작성하였다.

아니라 문장성분 간에 설정된 거리적 관계 역시 힘의 작용에 의해서 설정된다고 보기 때문이다.

제2장
시·공간의 개념화 양상

1. 공간에서 시간으로의 은유

공간에 대한 지각을 가장 기본적인 경험이라고 하는 것은
우리의 경험 세계에서 공간의 부재란 있을 수 없기 때문이다.
공간은 기본적으로 사람이나 사물이 존재, 출현, 소멸하거나
끊임없이 변화하고 있는 장소이다. 우리는 세상 밖으로 나오기
전 어머니의 뱃속에서 공간 경험을 체화하고 있으며 세상 밖
으로 나온 이후에는 지각적 경험과 반복적인 신체적 경험을
통해서 공간을 재조직할 수 있는 인지능력을 가지게 된다. 신
체적 경험으로부터 체화된 공간개념은 다음의 세 가지로 인식
할 수 있다.

> 첫째, 중력의 영향을 받은 '위'와 '아래'의 지각적 경험
> 둘째, 몸이라는 용기를 통한 '앞'과 '뒤'의 지각적 감지
> 셋째, 공간과 공간의 멈과 가까움의 거리 관계 인식

신체적 경험을 통한 구체적인 공간 경험은 가장 기본적인 경험이며 다른 개념을 이해하고 구조화하는 데 적용할 수 있는 근원영역이다. 우리는 신체적 경험에서 동기 부여된 '앞'과 '뒤'의 구체적인 공간개념을 통해서 추상적인 시간개념을 이해하고 있다. 구체적으로 말해서 '뒤'와 '앞'의 공간개념은 추상적 사고를 통해서 '과거'와 '미래'의 시간개념으로 인식할 수 있다는 것이다.

조광제(2004)에 따르면, 신체기관은 친숙한 관계에 있는 것끼리 연결되어 있다고 한다. 우리의 몸 전체는 각 부분들이 아무렇게나 제멋대로 움직이는 것이 아니라 일관되고 통일된 조화로운 방식으로 움직인다는 것이다. 이러한 견해는 몸의 각 부분에서 일어나는 상호작용이 개념적 수준에서 일어나고 있다는 것을 말해준다. 이러한 점에서 인접성 원리 역시 신체적 경험에서 동기 부여된 것으로 인식할 수 있다. 인접성 원리를 근거로 문장성분 간의 개념적 거리 관계는 다음에서 확인할 수 있다.

> (1) a. 这朵漂亮的红花
>   이 예쁜 붉은 꽃
>   b. *红漂亮的这朵花
>   c. *这朵红漂亮的花

(1a)에서 '花'에 대한 수식성분의 순차적 배열은 우리가 꽃을 관찰하는 방식과 유사하다. '花'에 대한 일차적 경험은 색채에 대한 시각적 경험에서 출발한다. '花'와 좀 더 멀리 위치하고 있는 '漂亮'은 주관적 평가를 나타내며 '这'는 화자와 꽃 간의 거리 관계를

나타낸다. 이를 좀 더 면밀하게 살펴보면 수식어가 중심명사 '花'에 대한 속성 또는 객관적, 본질적인 의미일수록 '花'와 가까이 위치하는 경향으로 나타나고 있음을 알 수 있다. 수식어가 화자와의 거리적 인식을 나타내는 경우에는 중심명사와 멀리 위치하는 경향으로 나타나고 있다.

고대 그리스 철학자 플라톤은 '시간이란 영원의 움직이는 이미지'라고 하였다. 플라톤이 시간을 영원성이라고 인식한 것은 시간은 천계를 떠나서는 존재할 수 없으며 영속적인 우주와 마찬가지로 시간은 종말을 맞지 않을 것이라는 믿음을 가지고 있기 때문이다. 순환적 시간의 관념은 고대의 많은 문화권에서 볼 수 있는 현상이다. 그 시기 천계의 행성 주기를 통한 시간의 관찰 방법으로 인해 시간을 선형적이라고 생각하는 것은 자연스럽지 못했다. 이에 반해 현대인의 시간은 위치 이동이나 상태변화를 통해서 감지할 수 있다는 관념을 가지고 있다. 이러한 시간개념은 사건이 단일방향으로 일어나며 환원될 수 없는 것으로 보기 때문에 과거는 회상할 수 있지만 미래는 확인할 수 없으며 원인이 있어야 결과가 있다는 논리적 사고방식의 근거가 된다.[9]

인지언어학에서는 시간은 공간의 이동을 통해서 감지할 수 있는 점에 주목하고 있다. 이와 관련해서 레이코프와 터너(Lakoff & Turner, 1989)는 시 · 공간 개념을 '시간 방위', '이동하는 시간', '이동하는 관찰자'로 구별해서 설명하고 있다. 그들이 제시한 '공간과 시간의

---

9) 김영태(2012) 참조.

상관성'을 토대로 현대중국어 어순의 시·공간적 특징을 살펴보기로 한다. '시간 방위' 은유는 시간의 위치개념인 시각화 공간에 대한 정보를 제공해 주고 있다. 시각화 공간의 출발공간과 목표공간은 시간의 축 위에 자리 잡은 위치로 개념화되기 때문이다. 다음의 예문을 보자.

   (2) 那幅漂亮的山水画画好了。
      저 아름다운 산수화는 잘 그렸다.
   (3) 他杀了一只鸡。
      그는 닭 한 마리를 죽였다.

  (2)에서 '那幅漂亮的山水画'는 새로운 정보의 준거점으로 출발공간에 해당한다. 화자의 그림에 대한 평가 '好'는 목표공간에 해당한다. 시각화 공간에서 출발공간과 목표공간은 과거와 미래의 위치를 나타내므로 시간에 따른 상태변화는 구체화되지 않는다.

  '이동하는 관찰자'의 경우 문장 내에서 다양한 위치에 올 수 있는 초점에 대한 정보를 제공해 준다. 화자의 발화는 상황적 맥락과 주관적 태도에 따라 달라질 수 있으므로 강조하고자 하는 정보인 초점 역시 역동적 속성을 지니고 있다. 다음의 예문에서 초점은 다양한 위치로 실현되고 있다.

   (4) 只有三个人'去考上了。
      단지 세 사람만 합격했다.
   (5) 我去图书馆借了书'。
      나는 도서관에 가서 책을 빌렸다.

(6) 老张穿上深灰色'的棉袄。

　　라오장은 짙은 회색 솜옷을 입고 있다.

(7) 他会英语', 不会日语'。

　　그는 영어는 할 줄 알고 일어는 할 줄 모른다.

(8) 昨天晚上, 小王没在家'吃饭。

　　어제 저녁 샤오왕은 집에서 밥을 먹지 않았다.

시각화 공간의 초점 부여 방식은 실제 발화와 관련된 개념적 시간 모형의 사건 도식에 계승되면서 어순을 시간순서의 원칙만으로 설명할 수 없는 동기를 제공해 주고 있다.

마지막으로 시간의 동적인 측면을 강조한 '이동하는 시간' 은유에 대해서 살펴보기로 하자. 이 같은 인식적 태도는 시간개념을 운동과 변화로 감지할 수 있다는 것에서 기인한다. 다음의 예문을 보자.

(9) 飞机因为天气不好, 暂时不能起飞。

　　비행기는 기상 조건이 좋지 않기 때문에 잠시동안 이륙할 수 없다.

(10) 把东西放得整整齐齐的, 用起来就会特别方便。

　　물건을 가지런히 놓았더니 사용하기에 더없이 편하다.

(11) 我们学校写散文, 从简单易行的写法入手, 逐步学习比较复杂的写法。

　　우리 학교에서는 산문을 쓰는데, 간단하고 쉬운 서법에서 시작해서 점점 비교적 복잡한 서법을 배우고 있다.

위의 예문은 시간의 흐름 속에서 사건참여자가 이미 상태변화를 경험했거나 앞으로 상태변화를 경험할 것이라는 예상을 할 수 있다. (9)에서 비행기가 이륙하지 못한 이유는 날씨 때문이지만 기상 조건이 좋아지면 언제든지 이륙이 가능하다는 사실을 예상할 수 있다. (10)에서 물건을 편하게 사용할 수 있는 이유는 물건이 가지런하게 정돈되어 있기 때문이다. (11)에서는 학교에서 산문쓰기를 배우는 과정이 순차적으로 나열되어 있다.

공간개념에서 시간개념으로의 지향은 단일방향적인 특징을 지니고 있기 때문에 시간개념은 공간개념으로 환원될 수 없다.[10] 따라서 개념적 공간 모형에 이루어지는 공간 구성방식은 관계 공간을 거쳐서 개념적 시간 모형으로 계승되는 경로를 따르며 그 역은 성립하기 어렵다. 이상에서 제시된 시·공간 개념은 현대중국어 어순과 언어적 체계에 내재된 유기적이고 복잡한 질서 관계를 체계적으로 해석할 수 있는 언어적 통찰력을 제공해주고 있다.

2. 현대중국어 어순에 반영된 시·공간개념

2.1. 개념적 공간(conceptual space)

개념적 공간 모형의 하위체계는 '시각화 공간'과 '관계 공간'으로 이루어져 있다. 먼저 시각화 공간을 살펴보기로 한다. 시각화 공간은 배경-전경, 한정성-비한정성, 정보의 가치에 따라 출발공간과 목표공간으로 이루어져 있으며 새로운 정보가 담겨있는 목표

---

10) Lakoff & Turner(1989) 참조.

공간에 시각적 현저성이 부여된다. 이 말이 의미하는 바는 출발공간이 목표공간에 비해서 덜 현저하다는 것을 가리킨다.

이제 '지하철 모형'을 가지고 시각화 공간에 대한 공간적 특징을 살펴보기로 한다. 고정된 정차 구간이 있는 지하철이 출발역에서 경유지를 거쳐 종점인 도착역에 도달하는 전 과정을 출발공간과 목표공간으로 구조화된 '시각화 공간'이라고 가정하자. 우리는 실제 경험에서 지하철의 승하차 장소를 출발역('출발공간')과 도착역('목표공간')으로 구별하고 있다. 이를 기능 언어학적 관점에서 살펴보면 출발공간은 이미 알고 있는 정보, 활성화된 정보로 간주되며 목표공간은 알고자 하는 정보, 비활성화된 정보로 간주된다.

'지하철 모형'에서 출발공간과 목표공간은 주의 배분(attention distribution)에 따라 현저성의 차이가 나타나고 있다.

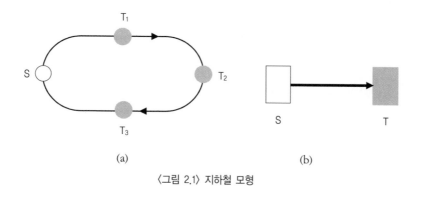

(a) (b)

〈그림 2.1〉 지하철 모형

<그림 2.1>의 (a)에서 채색되지 않은 작은 원 S는 출발역을 나타내고 채색된 세 개의 작은 원 T_1, T_2, T_3는 경유지 또는 도착역

을 나타낸다. (b)는 (a)에서 추상화된 이원적 공간 즉, 시각화 공간을 나타낸다. 지하철에 탑승한 개념화자의 위치가 출발역 S에 있다고 가정한다면, 시간의 흐름에 따라 도착역 T_1으로 이동하거나, T_1과 T_2를 경유하여 도착역 T_3로 이동하게 될 것이다. 만약 목적지가 T_3인 경우, 그 사이에 경유역이 있다고 하더라도 개념화자는 최종 목적지인 T_3에 초점을 부여하게 된다.

시각화 공간의 하위 유형은 현저성에 따라 다음과 같이 이원적 공간으로 이루어져있다.

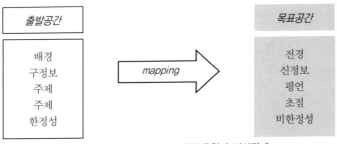

〈그림 2.2〉 시각화 공간의 하위 유형과 사상관계

<그림 2.2>에서 시각화 공간에 설정된 출발공간과 목표공간의 구성요소들은 각각 사상관계를 이루고 있다. 목표공간에 더 현저성이 부여된 것은 화자가 전달하고자 하는 정보를 담고 있기 때문이다. 시각화 공간의 공간 구성방식은 관계 공간을 통해서 실제 발화의 장(field)으로 간주되는 개념적 시간 모형으로 상속된다.

다음에서는 '관계 공간'에 대해서 살펴보기로 한다. 관계 공간에서 '관계'란 개념적 공간 모형과 개념적 시간 모형을 계승 연결한

다는 의미를 함의하고 있다. 시간의 위치 개념으로 이해되는 시각
화 공간의 공간 구성방식은 관계 공간의 하위 유형인 작용력과 인
접성을 통해서 개념적 시간 모형으로 계승된다.

　관계 공간의 한 유형인 작용력은 두 공간 사이에 작용하는 외부
적 힘으로 '감정'과 환유 관계를 맺고 있다. 다음의 도표는 '감정'
범주에서 환유를 바탕으로 한 은유를 나타낸 것이다.11)

환유 (metonymy)	Physical agitation stand for the emotion. (신체적인 동요는 감정을 대표한다.)
은유 (metaphor)	─감정은 외부 요소 ─감정은 자연력 ─감정은 살아 있는 유기체 ─존재함은 감정이 있음을 의미함 ─감정은 용기 속의 유기체

〈도표 2.1〉'감정'과 관련된 환유와 은유

　감정은 외부에서 유입된 에너지로서 어순에 직·간접적인 영향
을 미치는 작용력과 환유 관계에 있다. 퀘벡세스(Kövecses, 2000)에 의
하면 비감정 상태에서 감정 상태로의 변화는 실체나 사건에 의해
유발되며 감정의 원인은 물리적 힘으로 간주할 수 있다고 하였다.
이를 도식적으로 표현하면 '감정의 원인(실체/사건) ⇒ 감정'으로 나타
낼 수 있다. 그에 따르면, 화살표는 '유발하다', '이어진다'를 나타
낸다고 한다. 이러한 특징은 작용력의 속성과 유사하다.

---

11) 퀘벡세스(Kövecses, 2000)은 힘역학에 대한 탈미(Talmy, 1988)의 연구에 입각해 매
　우 일반적인 감정에 대한 '주 은유(master metaphor)'를 분리시킬 수 있다고 하였으
　며, 이를 '감정은 힘이다'라는 은유적 표현으로 제시하고 있다.

<도표 2.1>에서 용기는 내용물이 담긴 사건 도식으로 간주된다. 우리의 몸(또는 '정신')에 감정이 유입되면 정서적 동요가 일어나는 것처럼 어순에 내재된 작용력은 사건참여자의 상태변화를 초래시키는 에너지이다. '존재함은 감정이 있음'이라는 은유적 표현은 정지 상태에 있는 사물이 잠재적 에너지(potential energy)를 보유하고 있다는 것을 의미한다.

관계 공간의 또 다른 유형인 '인접성'은 문장성분 간의 힘의 영향관계에 따라서 거리적 관계를 이루는 공간적 특징을 지니고 있다. '인접성' 역시 환유를 근거로 설명할 수 있다. 웅거러와 슈미트(Ungerer & Schmid, 1996)에 따르면, 환유란 한 낱말의 자구적 의미를 지시하는 것과 그 낱말의 비유적 의미 사이의 인접성 관계를 포함하는 것이라고 하였다.

인접성의 원리를 토대로 SVO 언어와 SOV 언어에서 동사와 목적어의 내재적 관계를 살펴보면 아래와 같은 문장의 적격성 여부를 판단할 수 있다. 다음은 Tomlin(1986)이 제시한 예문이다.

(12) a. The little bird *made sick mother* very happy every morning.
b. *The little bird *made* very happy *sick mother* every morning.
그 작은 새는 매일 아침 병든 어미 새를 매우 행복하게 했다.

(12)에서 개념적으로 밀접한 관계에 있는 타동사와 목적어가 인접하게 위치한 a는 적격한 문장이지만 그들 사이에 다른 요소로 가로막혀 있는 b는 비문법적인 문장으로 간주된다. 권영문(1999)은 (12b)가 비문법적인 것은 GB문법에서 α가 β에게 격을 부여하려면

α와 β는 인접해 있어야 한다는 인접 조건을 위배하고 있기 때문이라고 설명하였다.

다음에서는 중심명사 '味道'와 수식성분 간의 거리적 관계가 명사구의 적격성 여부에 영향을 미치고 있음을 확인할 수 있다.

> (13) a. 说不出的痛苦的味道
>   말할 수 없는 고통의 맛
>   b. *痛苦的说不出的味道

위의 예문에서 관형어의 순차적 배열은 중심명사 '味道'에 내재된 정보적 속성과 연관이 있다. (13a)의 '味道'는 '맛'이라는 지각적 영역에서 '정서'라는 심리 영역으로 의미가 확장된 어휘이다. 이럴 경우 '味道'를 수식하는 관형어 역시 추상적 의미로 결속된 '수식 -피수식' 관계를 이루어야 한다. 인지과정에서 '정서'라는 추상적 의미로 확장된 '味道'는 '痛苦'와 직접적인 관계를 이룰 수 있으므로 (13a)는 자연스럽다. 이와 달리 '说不出'이 '味道'와 직접적인 관계를 이룬 (13b)는 자연스럽지 못하다. 한국어 역시 '고통스러운 말할 수 없는 맛'으로 표현하면 어색해진다.

2.2. 개념적 시간(conceptual time)

'시간이란 무엇인가'하는 문제는 겉보기에는 단순해 보이지만 시간의 본질을 탐구하게 되면 너무나 복잡해서 명확하게 정의하기 어렵다. 시간은 독립적으로 존재하는 것처럼 보이지만 시간이 공간의 이동을 통해 감지된다는 점에서 시간과 공간이 상의적 관계에 있는 것은 분명하다. 우리의 의식을 확장해서 하늘과 땅의 관계를 통해 공간성과 시간성을 살펴보기로 하자. 땅과 하늘은 아래와 위의 대칭적 공간으로 이루어져 있다. 그러나 다른 관점에서 보면 땅은 경계가 뚜렷한 반면 하늘은 무한한 경계를 가지므로 땅과 하늘은 비대칭적 공간으로 이루어져 있다. 경계의 구체성과 추상성의 차이로 인해 땅은 우리 삶의 터전인 공간성에 가까운 특성을 지니고 있는 반면, 하늘은 계절의 변화와 기상의 변화 등의 시간개념으로 확장시킬 수 있다.

동·서양의 고대인들은 시간이 순환적 특성을 가진 것으로 이해하였다. 따라서 역사적 사건은 주기적으로 일어나고 그 반복이 시간 자체의 본질을 반영하고 있다고 여겼다. 이에 반해 현대인은 시간을 과거와 현재를 경유해서 미래로 이어지는 선형적 연쇄라고 생각하고 있다. 시간의 순환론적 관점에서 볼 때 일출과 일몰, 달이 차고 기우는 것, 계절의 변화와 같은 주기적인 사건의 순환은 반복적으로 이루어진다. 그러나 순환적 시간개념조차도 선형적 특성으로 전이될 수 있다. 이를 테면 어제의 일출은 오늘의 일출과 다르며 반복되는 일출과 일몰의 순환적 고리에서 임의의 점을 끊는다면 직선으로 전화(轉化)할 수 있다. 시간의 축에 위치한 일출과 일몰을 용기로 간주되는 사건 도식에 넣으면 출발공간과 목표공간의 사건으로 구조화된다.

다음의 그림은 개념적 공간 모형이 개념적 시간 모형으로 추상화되는 과정을 보여주고 있다.

〈그림 2.3〉 시·공간 모형과 사건 도식

〈그림 2.3〉에서 (a)는 개념적 공간 모형의 출발공간과 목표공간의 위치를 나타내며, (b)는 (a)를 추상화한 개념적 도식으로서 공간의 이동으로 감지되는 개념적 시간 모형을 나타낸다. (b)의 도식에서 외곽에 윤곽을 부여한 것은 개념적 시간 모형이 공간성과 시간성이 내재된 사건구조로 이루어져 있다는 것을 의미한다. 따라서 (b)는 현대중국어의 다양한 구문을 설명하는 틀(frame)인 사건 도식을 대표한다.[12] 사건 도식의 내부구조는 출발공간과 목표공간으로 이루어져 있으며 두 공간은 시간의 축인 't' 위에 위치하고 있다. (b)에서 출발공간과 목표공간을 연쇄하는 화살표는 작용력을 나타낸다.

다음의 예문을 통해서 사건 도식의 시·공간적 특징을 살펴보기로 하자.

(14) 公司叫他去日本, 他赶紧去了。
회사가 그에게 일본으로 가라고 하자 그는 서둘러 갔다.
(15) 奶奶烧饭烧得一房子油烟味。
할머니가 밥을 짓자 집안에 온통 기름 냄새가 났다.

---

12) 이후의 사건 도식에서는 기술의 편의에 따라 외곽선을 표상하지 않을 수도 있다.

(14)를 사건 도식에 투사하면 '公司叫他去日本'은 출발공간으로 '导致他赶紧去日本'은 목표공간으로 사상되며 두 공간은 작용력에 의해서 연쇄된다. (15)에서는 '奶奶烧饭'이 출발공간으로 '导致一房子的油烟味'가 목표공간으로 사상되며 두 공간 역시 작용력에 의해서 연쇄된다. 출발공간에서 행위자가 촉발한 작용력은 시간의 흐름에 따라 목표공간에 도달하여 수동자의 위치 이동이나 상태변화를 초래시키는 동력이다.

개념적 시간 모형에서는 다음과 같은 다양한 구문을 '사건 도식'에 투사하여 현대중국어 어순에 대한 시·공간적 특징을 논의하게 된다.

개념적 시간 모형	사건 도식 유 형	구 문	용 례
시간모형	이동 도식	'在장소+V'구문	我在床上看书。
		'V+在장소'구문	雨下在地上。
	사동 도식	'动结'구문	这件事张三哭累了。
		'把'자문	球把花瓶打破了。
		동사중출문	他喝酒喝得胃疼。
	연결 도식	연동문	我们乘汽车到南京路。
		겸어문	我们邀请他来北京。
	전달 도식	우향성 이중목적어구문	他给了小王一本书。
		좌향성 이중목적어구문	他偷了小王一辆自行车。
비-시간 모형	존재 도식	'有' 존재문	桌子上有一本书。
		'是' 존재문	前边是一条小河。
	비교 도식	'比' 비교문	他比我高。
		'有' 비교문	他有我那么高。

〈도표 2.2〉 사건 도식 유형

개념적 시간 모형의 하위체계는 '시간순서 모형'과 '비─시간순서 모형'으로 이루어져 있다. 시간순서 모형은 문장성분의 선후 배열이 시간의 흐름을 반영하고 있다. 그러나 여러 가지 원인으로 인해서 어순에 내제된 도상성을 시간순서의 원칙만으로 설명하기는 어렵다. 여러 가지 원인 중에 하나는 개념적 공간 모형에서 설정된 공간 구성방식이 시간순서 모형에 계승되면서 사건 도식에 내재된 문장성분의 질서 체계에 반영되기 때문이다. 비─시간순서 모형13)은 어순의 표층형식에서 시간의 흐름을 직접적으로 감지하기는 어렵지만 구문의 순차적 배열에 시간성이 함의되어 있다는 것을 전제로 논할 것이다.

2.3. 현대중국어 어순의 인지모형(cognitive model)

지금까지 논의한 개념적 공간 모형과 개념적 시간 모형을 토대로 현대중국어 어순의 인지모형을 다음과 같이 제시하였다. <그림 2.4>에서 개념적 공간 모형과 개념적 시간 모형은 상의적 관계를 이루고 있다.

---

13) '비─시간순서 모형(non-temporal sequence model)'에서 '비(非)'와 '시간순서' 사이에 '─'를 표기를 하여 두 단어 사이에 개념적 거리를 둔 이유는 '비─시간순서' 역시 시간순서의 원리가 작용하고 있다는 점을 나타내기 위한 것이다.

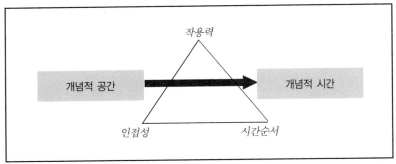

<그림 2.4> 현대중국어 어순 인지모형

<그림 2.4>에서는 작용력, 인접성, 시간순서의 상호관계가 어순을 결정하는 메커니즘으로 작용하고 있음을 명시적으로 보여준다. 화살표는 개념적 공간 모형의 공간 구성방식이 개념적 시간 모형에 계승되고 있음을 나타낸다.

우리가 살고 있는 중력의 세계에서 시간의 흐름은 결코 단절되거나 역전이 이루어지지 않는다. 그러나 우리의 상상력은 시공을 초월하여 획득되고 축적할 수 있으므로 인식의 폭은 넓어지고 깊어지게 마련이다. 따라서 상상력의 세계에서는 시간의 역전, 순간이동, 시간 여행 등의 주관적 의식이 가능하다. 이와 같은 의식 체계가 어순에 반영된다면 다양한 어순 현상을 설명할 수 있을 것으로 보인다.

제3장

개념적 공간 모형

1. 시각화 공간(visual space)

시각화 공간은 발화 전 단계(utterance pre-step)에서 설정하는 공간 구성방식이다. 화자는 발화를 실현하기 전에 의식적으로 무엇을 먼저 말하고 무엇을 나중에 말할 것인지를 결정하게 되는데 이는 시각화 공간의 내부구조를 설정하는 근거가 된다.

1.1. 배경 – 전경

우리들은 일상생활에서 어떤 대상을 주시할 때 중심 장면과 주변 장면을 동시에 지각하는 경향이 있다. 덴마크 심리학자 루빈(Rubin, 1921)은 이 같은 시각적 인지방식을 전경과 배경의 개념으로 설명하였다. 그에 따르면, 배경은 객관적으로 존재하고 망막 상에 나타나더라도 어떤 형태가 되지 못해서 피실험자가 반응할 수 있는 자극이 되지 못한다고 하였다. 현실 세계에서 전경과 배경은 다음과 같은 시각적 경험에 의해 개념화되고 있다. 전경은 등질적이며 모양을 알 수 있는 윤곽선이 있는 반면, 배경은 전경의 바탕으로서 경계가 무한하다. 이 때문에 전경은 배경 위에 있는 것처럼 가깝게 지각되고 배경은 전경 뒤로 연결되는 존재로 지각되는 경향을 보이고 있다.

후퍼와 탐슨(Hopper & Thompson, 1982)은 심리학적 측면에서 논의되는 전경과 배경의 개념을 언어적 측면에서 논의하였다. 그들의 견해에 따르면, 사건 또는 사물의 상태 등을 나타내는 독립구는 전경 정보에 해당하며, 장소, 시간, 조건 등을 나타내는 의존구는 배경 정보에 해당한다. 래내커(Langacker, 1999)는 장면을 배경과 참여자로 구성된 것으로 보았는데, 이는 이들이 시·공간적 경험에서 변함없는 자질이기 때문이다.

다음의 그림을 통해 전경과 배경의 시·공간적 특징을 살펴보기로 하자.

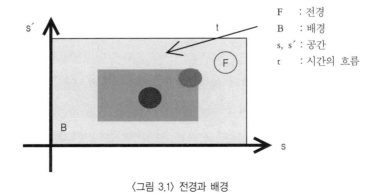

〈그림 3.1〉 전경과 배경

<그림 3.1>은 시·공간의 축에서 전경과 배경이 어떻게 실현되고 있는지 보여주고 있다. 좌표 s와 s´는 위, 아래 또는 왼쪽, 오른쪽으로 경계가 무한하게 확장되는 공간을 나타낸다. F는 전경으로, 관찰자의 시각적 관할범위에 들어올수록 초점을 받는 대상의 현저성이 높아지고 있다. B는 덜 현저된 공간으로 시각적 대조를 통해서 F를 부각시켜 주는 기능을 한다. t는 시간의 방향을 나타내며 화살표가 지향하는 방향은 미래의 시간을 나타낸다.

<그림 3.1>을 공간적 측면에서 살펴보면, 전경과 배경은 비대칭적 분포를 이루고 있다. 전경은 관찰자의 주의를 받는 대상이므로 시각적 현저성이 부여된 중심 장면으로 인식되고 있다. 이와 달리 배경은 시각적으로 덜 현저된 주변 장면으로 인식되고 있다. 시간적 측면에서 살펴보면, 배경은 전경을 선행하며 전경의 뒤에서 전체 장면을 연결해 주는 기능을 하고 있다. 예컨대 실제 공간에서의 대상이 존재, 출현, 소실되는 현상은 공간과 대상의 시간의 선후 관계에 의해서 설명이 가능하다.

시·지각적으로 감지되는 전경과 배경은 현대중국어의 다양한 구문을 통해서도 구현되고 있다. 본 절에서는 존현문과 동사중출문(重動句)[14]의 통사적, 의미적 구조가 전경과 배경의 어순에 어떠한 영향을 미치고 있는지 살펴보기로 한다.

먼저 공간과 대상과의 관계를 가시적으로 표현하는 존현문을 살펴보기로 하자. 라이언스(Lyons, 1977)는 통사적, 의미적 측면에서 공

---

14) 동사중출문은 동사복사문(verb-copying sentence)이라고 부르기도 한다.

간 표현이 비공간 표현보다 더 기본적이라는 '처소주의 가설(localism hypothesis)'을 제기하였다. 라이언스의 가설에 근거하면 동작의 활동성을 나타내는 행위자문과 비교했을 때 존현문이 공간을 매개로 대상과의 관계를 표현한다는 점에서 더 기본적이며 인지적 순서를 그대로 반영하고 있다. 우리는 인지과정에서 장소를 인지하고 나서 장소에 존재하고 있는 실체를 재인지 하는데 이러한 순서는 존현문의 어순과 일치하고 있다.

존현문에서 공간을 표현하는 장소명사구는 이미 알고 있는 정보이며, 확인 가능한 전제로서 대상을 연결시켜 주는 배경의 역할을 하고 있다. 대상은 새로운 정보로서 장소를 전제로 존재상태를 나타내는 전경의 역할을 하고 있다. 존현문은 대상의 존재, 출현, 소실 상태를 표현하므로 존현동사는 화자의 주관성을 나타내지 못한다. '是'나 '有'와 같은 동사를 제외한 기타 존현동사의 경우는 시태조사 '了', '着', '过' 등과 공기해야 한다. 다음의 예문을 보자.

(1) 他们家走了两位客人。
그들의 집에서 손님 두 분이 떠났다.
(2) 墙上挂着一幅画。
벽에 그림 한 점이 걸려있다.
(3) 地球上发生过一次大旱灾。
지구상에 큰 가뭄이 발생한 적이 있다.

박정구(1988)는 존재문(존현문)이 동작보다는 상태를 묘사해 주지만 시태표지 '过'의 부가로 과거에 어떤 경험이 있었음을 나타내주

는 이상 '过'는 적절한 문맥에서 존재문에 자연스럽게 쓰일 수 있
다고 하였다. 그러나 (3)처럼 '过'가 쓰이면 '이전의 경험'을 나타내
므로 현재와의 관련성을 나타내는 존현문에서는 드물게 사용되고
있다.

  존재의 본질을 '있음'과 '활동성'이라고 인식한다면 고정된 공간
에 있는 존재대상은 '정지된 상태'와 '역동적인 상태'로 존재하고
있음을 추론할 수 있다. 이러한 점에서 전경으로 부여된 존재대상
이 고정된 공간을 기반으로 정적 실현, 동적 실현, 함축적 실현으
로 존재할 수 있음을 제시하기로 한다.

  먼저 전경의 정적 실현을 살펴보기로 하자.

  (4) 台上坐着主席团。
     단상에 의장단이 앉아 있다.
  (5) 屋里放着很多东西。
     방 안에 많은 물건이 놓여있다.
  (6) 墙上写着四个大字。
     벽에 네 개의 큰 글자가 쓰여 있다.

  위의 예문에서 장소를 나타내는 '台上', '屋里', '墙上'은 배경으
로 그 장소를 차지하고 있는 대상 '主席团', '很多东西', '四个大字'
는 전경으로 지각된다. 이 경우 전경은 고정된 공간에서 정적인 상
태로 존재하고 있다. 다음의 그림은 예문 (4)에서 보여주는 전경의
정적 실현을 나타낸 것이다.

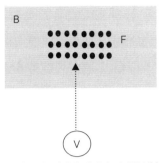

〈그림 3.2〉 전경과 배경의 비대칭성(1)

　〈그림 3.2〉는 관찰자(Viewer)가 무대 아래에서 단상 위의 의장단을 바라보고 있는 상황을 나타낸 것이다. 단상의 일부 공간을 차지하고 있는 의장단은 개체로 구성되어 있지만 이를 바라보는 관찰자는 통합된 형태로 지각하게 된다. 관찰자가 이 같이 지각하는 이유는 운집해 있는 의장단을 게슈탈트 형태로 인식하고 있기 때문이다. 게슈탈트 심리학에 따르면, 각각의 개체 사이에 빈틈이 있다고 하더라도 사물이 동질의 속성을 지니는 경우 통합된 하나의 개체로 인식된다고 한다.15) 단상 위에 앉아있는 의장단이 상호 근접한 거리에서 일률적인 형태로 배열되었을 때 관찰자는 이를 통합된 개체로 지각하여 무대 위의 전경으로 인식한다는 것이다.16)

　이제 전경의 동적 실현에 대해서 살펴보기로 하자. 움직임은 강력한 전경의 이미지를 가지는 것으로 인식되는데 이는 고정된 공간과 움직이는 대상의 대조를 통해서 잘 드러난다. 전경이 동적 실

---

15) 车文博(1998 : 426-427) 참조.
16) 올림픽 개막식에서 국가별 선수단 입장을 조망할 때 선수 개개인이 움직이는 것이 아닌 하나의 통합된 개체의 움직임으로 포착된다. 이러한 시각적 경험 역시 게슈탈트 원리가 적용되기 때문이다.

현을 하는 경우 관찰자는 대상의 움직임을 포착하기 위하여 역동
적인 관찰 방식을 선택하게 된다. 예를 들어, 운동경기에 집중하고
있는 관객은 움직이는 선수를 중심 시각으로 지각하며 경기장의
환경과 객석에 대해서는 주변 시각으로 지각하게 된다. 다음의 예
문에서 전경은 동적 실현을 하고 있는 이동의 주체이다.

> (7) 前边走过来一个人。
> 앞에 사람 한 명이 걸어오고 있다.
> (8) 空中飞着一只鹰。
> 공중에 매 한 마리가 날고 있다.

(7-8)에서 목적어인 '一个人'과 '一只鹰'은 모두 움직이고 있는
전경 요소이다. 두 예문에서 관찰자는 대상의 움직임에 따라 시각
적 초점을 이동시키고 있지만 관찰 방식에는 다음과 같은 차이점
이 있다.

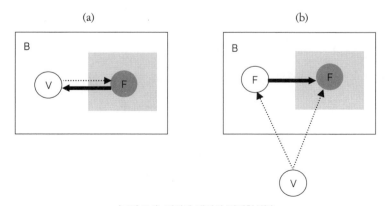

〈그림 3.3〉 전경과 배경의 비대칭성(2)

<그림 3.3>에서 점선의 화살표는 관찰방식을 나타내고 실선의 화살표는 관찰대상의 이동 방향을 나타낸다. (a)에서 관찰자(v)와 대상 '一个人'은 동일한 무대에 위치하고 있다. 대상이 근접할수록 관찰자의 눈(수정체)은 원근조절이 발생하므로 역동적인 관찰방식을 취한다고 볼 수 있다. (b)의 경우 관찰자는 무대 아래에 위치하면서 무대 위의 움직이는 대상에 따라 시각적 초점을 왼쪽에서 오른쪽으로 이동시키는 역동적인 관찰방식을 취하고 있다.

이제 다음의 예문을 통해서 전경의 함축적 실현에 대해서 살펴보기로 하자.

> (9) 小李家里跑了一只鸡。
> 샤오리 집에서 닭 한 마리가 달아났다.
> (10) 他们家走了两位客人。
> 그들 집에서 두 명의 손님이 떠났다.

(9-10)에서 '一只鸡'와 '两位客人'은 이미 다른 공간으로 이동했지만 화자의 의식 속에서 전경으로 인식되고 있다. 이는 명시적으로 표현되는 언어적 기제뿐만 아니라 암묵적 동의가 요구되는 언어의 함축적 기제를 통해서도 해석될 수 있음을 의미한다. 정희자(2002)는 무엇을 명시적으로 표현하고, 무엇을 함축적으로 표현할 것인가는 화자의 담화 의도, 맥락, 그리고 청자의 인지 환경에 대한 화자의 판단 등에 의해서 이루어진다고 하였다. 전경의 함축적 실현은 화자가 담화에서 명시적으로 드러내지 않더라도 청자가 암묵적 명제를 해석할 수 있다는 믿음을 가질 때 사용할 수 있다. 발

화 시점에서 닭의 존재는 구체적 장소인 배경에서 이미 사라져버
렸지만 화자의 함축적인 의미가 명확하게 전달되었다면 청자는 사
라진 대상이 어떤 장소에 존재하고 있음을 추론할 수 있을 것이다.

존현문에서 (9)와 (10)의 '一只鸡'와 '两位客人'은 비의지적 행위
자로 볼 수 있지만 이어지는 대화에서 능동성을 지닌 행위자로 지
위가 상승하면 본래성을 회복하게 된다. 여기서 본래성이란 행위자
에 의해 발현되는 의도적 행위, 주관적, 심리적 상태 등을 의미한
다. 비의지적 대상인 경우도 본래성의 회복은 가능한데 이때의 본
래성은 행위자에 의해서 영향을 받거나 대상의 합목적성을 가리킨
다. 이를 테면 책은 행위자에 의해서 읽혀질 수 있으며 책이 읽혀
지는 것은 책의 합목적성에 부합하는 것이다. 이처럼 존현문의 대
상이 언제든지 가변적인 실체로 전이될 수 있다는 사실은 전경의
특징과 일치하고 있다.

이제 존현문을 통해서 중국인과 영미인의 인지적 사고방식의 차
이를 살펴보기로 하자.

> (11) a. The ballon is flying over the roof.
>
>   b. ?Over the roof the ballon is flying. (Ungerer & Schimid, 1996)
>
>   c. 屋顶上飞着一个气球。
>
>   d. *一个气球飞着屋顶上。
>
>   지붕 위로 풍선이 날아가고 있다.

영어와 달리 중국어는 배경이 선행하고 전경이 후행하는 (11c)의
어순만을 허용하고 있다. 이는 영어에 비해서 중국어 어순의 공간

구성방식이 좀 더 엄격한 제약을 받는다는 의미로 해석할 수 있다. 이러한 양상은 중국인이나 영미인이 시·공간적 틀에서 사물의 존재를 인식하는 태도는 보편적이지만 인지적 사유방식의 개별성으로 인해 어순에 내재된 공간 구성방식이 상이할 수 있다는 것을 말해준다. 다음을 보자.

(12) 中国上海市杨浦区国定路277弄

(13) 2334 North High Street Columbus Ohio U.S.A

'주소 쓰기'에서 중국어의 공간 구성방식은 '전체-부분'의 어순을 선택하고 있다. 이와 달리 영어의 경우 '부분-전체'의 순서를 선택하고 있다. 중국어처럼 형태표지가 결여된 언어가 띄어쓰기 없이 문장을 구성할 때 '전체-부분'과 같은 공간적 제약은 비교적 엄격하게 준수되어야 한다. 중국어의 경우 관습화된 공간적 제약을 준수해야만 화자와 청자, 작가와 독자 간의 기호의 전달과 해석이 성공적으로 이루어질 수 있기 때문이다. 따라서 '전체-부분'과 같은 공간적 제약은 중국어 어순과 언어 체계의 일면을 이해할 수 있는 도상적 기호로 볼 수 있다. 중국어의 '전체-부분'의 어순은 다음에서 논의되는 동사중출문에서도 나타나는 언어 현상이다.

이제 동사중출문(重动句)에 내재된 '배경-전경'의 양상을 살펴보기로 하자. 동사중출문은 동목구조와 동보구조가 긴밀하게 연쇄되어 있으며 동일한 동사를 반복해서 사용하는 독특한 문장 형식이다. 이 구문은 청대 《홍루몽》에서 비교적 많이 발견된 이래 현대시기에 들어와서 문학작품과 구어에서 자주 사용하고 있다.

> (14) a. 他熬夜熬红了眼。
>
>   그는 밤을 샜더니 눈이 빨개졌다.
>
> b. 他喝酒喝醉了。
>
>   그는 술을 많이 마시더니 취했다.
>
> (15) a. 他们吵架吵得邻居都烦了。
>
>   그들의 싸움은 이웃을 짜증나게 했다.
>
> b. 他看书看得头疼的时候就听一会儿音乐。
>
>   그는 책을 보다가 머리가 아프면 잠시 음악을 듣는다.

　동사중출문은 중복된 동사 뒤에 보어를 직접 연결할 수도 있고, 구조조사 '得'를 매개하여 보어를 연결하는 형식을 취하기도 한다.

　이제 동사중출문의 동목구조와 동보구조의 통사적, 의미적 관계를 살펴봄으로써 이들이 '배경－전경'의 배열에 어떠한 영향을 미치고 있는지 살펴보기로 하자. 李讷·石毓智(1997)는 동사중출문의 목적어는 형식적 제약으로 인해 지칭적 성분이 출현할 수 없으며 무표지 형식만이 출현 가능하다고 하였다. 북경대학교 현대중국어 코퍼스 자료를 분석한 결과에서도[17] 동사중출문의 목적어는 비지칭적 성분을 선택하는 것으로 나타나고 있다.

---

17) 이운재(2007) 참조.

목적어 유형	출현 횟수	출현 비율	용 례
단독명사	993	83%	他喝酒喝得晕乎乎。
고유명사/인칭대명사	135	11%	我照顾自己都照顾不来。
장소명사	25	2.1%	他爬山爬过许多次。
(수)+양+명	20	1.7%	我看见他提着一个大包提进屋里了。
'的'자구문	18	1.47%	我吃甜的吃怕了。
那 / 这+(양)+명	14	1.2%	师卫华想这个工作想得夜夜失眠。
병렬구조	2	0.16%	敛农林特产税和教育附加税敛急了眼。
이중목적어문	2	0.16%	他送她礼物送得很及时。

〈도표 3.1〉 동사중출문의 목적어 유형

　　<도표 3.1>에서 보듯이, 동사중출문의 목적어는 비지칭적 성분인 단독명사의 출현비율이 가장 높으며 지칭적 성분의 출현비율은 극히 미미한 수준이다. 이 같은 동목구조의 단순화 경향은 다음과 같은 이유에서 기인한다.

　　첫째, 동목구조와 동보구조 간에 의미 제약이 내적으로 연결되어 있다. 의미 중심이 동보구조에 있으므로 동목구조를 단순하게 구조화 하려는 경향이 나타난다.

　　둘째, '전체-부분'의 공간적 제약을 받는다. 전체는 부분을 연결해주는 장면의 역할을 하고 있다. 부분에 해당하는 결과사건은 전체에 해당하는 원인사건의 관할 범위 안에서 발생한다.

　　셋째, 언어의 경제성 원리가 적용된다. 동사중출문은 하나의 문장으로 두 개의 사건을 표현하고 있다. 이 같은 동사중출문의 구조적 긴밀성은 의미 기능을 강화시키면서 화자의 주관적 태도, 심리 상태 등을 표현하는 데 효율적이다.

통사적 측면에서 동목구조의 단순화 경향은 동보구조가 인지적으로 부각될 수 있는 언어적 환경을 제공해 주고 있다. 화용적 측면에서 두 개의 사건을 긴밀하게 연쇄시켜 하나의 사건으로 통합시킴으로써 언어의 경제성 원리에 부합하고 있다. 동사중출문의 구조적 긴밀성은 동목구조를 통해 사건의 범위를 예측 가능하게 해 주므로 동보구조로 연결되는 인과적 판단을 신속하게 내릴 수 있다는 점에서 효율적이다.

동사중출문의 동보구조는 형식적 제약에서 비교적 자유로우며 의미적 스펙트럼은 다양하게 구현된다.

> (16) 他晒太阳晒得皮肤黝黑。
> 그는 일광욕을 하더니 피부가 검게 그을렸다.
> (17) 他踢球踢得忘了时间。
> 그는 축구를 하더니 시간 가는 줄 몰랐다.
> (18) 我看书看累了。
> 나는 책을 많이 보았더니 피곤했다.

동보구조에서 보어는 위의 형식 외에도 명사구, 동사구, 전치사구, 사자성어 등의 여러 가지 형식의 출현이 가능하다. 이 같은 동사중출문의 특징을 통해 배경과 전경의 이원적 공간 구성방식을 분명하게 구별할 수 있다. 배경으로 간주되는 동목구조가 고정적인 공간이라면 전경으로 간주되는 동보구조는 고정된 공간에서 동적, 정적 사건이 이루어지는 중심 장면을 연출하고 있다는 것이다. 이러한 공간 구성방식은 시간적 측면에서 인과적 사건으로 규정되므로 동목구조와 동보구조 간의 위치 이동은 허용되지 않는다.

우리의 감각 경험과 인식 과정은 눈앞에 보이는 사물을 지각하는 것으로부터 출발한다. 이 경우 사물은 현존하고 있는 실체로 인식되며 공간을 매개로 외부세계와 관계를 맺는다. 이 같은 경험적 도상성이 내재된 존현문에서 공간과 사물의 관계는 일차적으로 시각적 작용에 의해 감지되므로 객관적인 상태를 표현할 가능성이 높아진다. 이와 달리 동사중출문의 원인과 결과의 판단은 정신작용에 의해 감지되고 행위자의 능동성이 개입되므로 주관적 심리상태를 표현할 가능성이 높아진다. 이상의 논의를 통해서 존현문과 동사중출문에 설정된 배경과 전경의 양상에는 차이가 있으며 이러한 차이점이 어순에 영향을 미치고 있음을 살펴보았다.

1.2. 구정보 - 신정보

의사소통을 성공적으로 달성하기 위해서 화자는 무엇을 먼저 말하고 무엇을 나중에 말할 것인지에 대한 인지적 책략을 수립해야 한다. 언어의 정보조직 원리에서는 이 같은 공간 구성방식을 '구정보'와 '신정보'의 개념으로 설명하고 있다. 체이프(Chafe, 1994)는 '의식'의 개념을 근거로 구정보는 이미 활성화된 정보를 나타내며 신

정보는 새롭게 활성화되는 정보를 나타낸다고 하였다. 沈家煊(1999)
은 사물의 친숙성과 생소성을 가지고 구정보와 신정보의 개념을
정의하고 있다.

인지언어학적 측면에서 구정보와 신정보는 신체적 경험에서 비
롯된 '뒤'와 '앞'의 구체적 공간이 추상화 과정을 거쳐 과거와 미래
의 시간 위치로 은유되는 공간적 특징을 지니고 있다. 몸을 중심으
로 '뒤'는 이미 경험한 친숙한 세계인 구정보에 해당하며 '앞'은 경
험하지 않은 생소한 세계인 신정보에 해당한다. 우리가 새로운 것
을 알고자 하는 호기심과 모르는 상황에 대한 긴장감을 가지는 경
향이 있는 것처럼 신정보에 현저성이 부여된다.

구정보와 신정보는 <그림 3.4>와 같이 시간의 위치 개념으로
인식되는 공간적 특징을 지니고 있다.

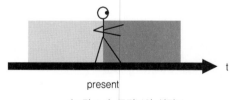

present

〈그림 3.4〉 구정보와 신정보

시간의 흐름에 따라 어떤 사람이 앞쪽을 향해 걸어가고 있다. 그
는 시간의 축 t 위에서 '현재'[18]에 위치하고 있으며 그가 앞쪽으로

---

18) 사실상 '현재'보다는 '지금'이나 '순간'이라는 표현이 개념적으로 더 명확할 수 있
다. 그러나 일반적으로 시간을 과거, 현재, 미래로 나누기 때문에 기술의 편의상 '현
재'로 표기하기로 한다.

이동함에 따라 '현재' 또한 그와 함께 이동하게 될 것이다. 현재란 걷고 있는 사람의 위치와 동일한 위치 개념으로 이해되기 때문이다. 그가 등을 맞대고 있는 뒤쪽은 '걸어온 흔적'인 출발공간이고 앞쪽은 그가 '걸어가야 할 행로'인 목표공간이다. 이미 걸어왔던 흔적은 머릿속에 저장된 과거에 대한 기억으로 미래 사건에 대한 경계조건(boundary condition)이며 서술의 틀을 확정시켜주는 기능을 한다. 과거와 미래를 분기하는 중심 요소는 '현재'이다. 그럼에도 불구하고 '현재'는 순간적이기 때문에 시간의 축에서 잠깐 고개를 내밀고는 묵묵히 과거와 미래를 연결하는 중심축의 역할을 수행할 뿐이다. 구정보와 신정보의 순차적 배열에서 '현재'라는 기준점이 없다면 시간의 축에서 과거와 미래를 구별하기는 쉽지 않다. '현재'는 과거와 미래의 정보가 담겨져 있으며 과거의 기억을 담지한 채 미래를 이어주는 통로의 역할을 수행하고 있다.

이제 위의 사실을 토대로 현대중국어 어순에 내재된 구정보와 신정보의 공간적 특징을 다음의 예문을 통해서 살펴보기로 하자.

> (19) a. : 主席团坐在哪儿？
>   의장단은 어디에 앉아 있습니까?
>   b$_1$: 主席团坐在台上。
>   의장단은 무대에 앉아 있습니다.
>   b$_2$: 主席团台上坐着。
>   의장단은 무대에 앉아 있습니다.
>   b$_3$: ?台上坐着主席团。

(19a)의 질문처럼 친숙한 정보인 '主席团'을 먼저 제시한 후 생소한 정보인 '哪儿'을 후속시키는 공간 구성방식을 취할 때 (19b$_1$)의 대답이 가장 적절하다. 질문자와 동일하게 공간 배열을 구축하였기 때문이다. b$_2$의 경우는 친숙한 것일수록 먼저 출현한다는 정보조직의 원리를 준수하였기 때문에 a에 대한 대답으로 선택될 수 있다. b$_3$의 경우는 문법적 오류를 범하지는 않았지만 질문에서 요구하는 대답으로 적절하지 못하다. 질문자의 의식 속에서 '台上'은 생소한 정보인데 응답자는 오히려 이를 문두에 위치시키는 실수를 범했기 때문이다.

위에서 제시한 예문의 담화 상황을 확대하면 다음과 같은 그림으로 나타낼 수 있다.

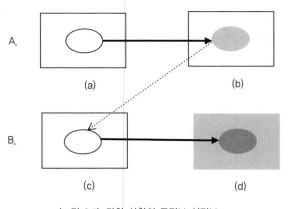

〈그림 3.5〉 담화 상황의 구정보 신정보

<그림 3.5>에서 A는 화자가 청자에게 발화한 상황을 나타낸 것이다. B는 청자와 화자가 A를 주제로 삼아서 대화를 이어가는 상

황을 나타낸다. A에서 구축된 출발공간 (a)는 구정보로서 담화의
주제가 바뀐다면 출발공간의 지위는 상실하게 된다. 그러나 화자가
다시 (a)를 환기시킨다면 청자는 단기기억에 저장된 '主席团'을 다
시 활성화시킬 수 있다. B는 A에서 구축된 "主席团坐在台上"이 출
발공간 (c)로 재설정된 후 새로운 정보를 탐색하기 위해 목표공간
(d)로 향하고 있음을 나타낸다. 이처럼 담화 맥락에 따라서 신정보
는 언제든지 구정보로 소급될 수 있다. 담화 상황에서 '구정보-신
정보'의 공간 구성방식이 안정되게 구현되는 것은 화자와 청자가
대화의 격률인 협동의 원리를 준수하고 있기 때문이다. 이러한 점
에서 구정보와 신정보의 공간적 구속관계는 조화로운 의사소통을
유지하기 위한 중요한 기제로 사용되고 있음을 확인할 수 있다.

1.3. 주제-평언

언어 유형학적으로 중국어는 주제부각언어에 속한다. 중국어를
주제부각언어로 보는 이유 중의 하나는 주술술어문 또는 이중주어
문[19]을 자주 사용하고 있기 때문이다. 赵元任(1968 : 69)은 중국어 문
장을 분석하기 위해서는 주어와 술어의 개념보다는 주제와 평언의
개념을 도입해야 한다고 하였다. 래내커(Langacker, 1999)는 주제를 담
화자의 심리와 연관시켜서 주관적 참조점으로 설명하고 있다. 그에
따르면, 목표에 도달하기 위해서 참조점을 경유하여 목표에 해당하

---

19) <u>大象</u>　<u>鼻子</u>　<u>长</u>。(코끼리는 코가 길다.)
　　NP₁　　NP₂　　VP

는 대상을 인지하는 것은 일반적인 탐색 과정이라고 하였다. 다음은 래내커(Langacker, 1999)가 제시한 주제와 평언의 인지과정을 나타낸 것이다.

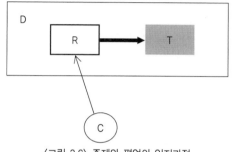

〈그림 3.6〉 주제와 평언의 인지과정

<그림 3.6>에서 윤곽선 안에 D는 지배영역(dominion)이고 C는 개념화자(conceptualizer), R은 참조점(reference point), T는 목표(target)를 나타낸다. 참조점이란 새로운 정보를 도출하기 위해서 개념화자가 의도적인 담화 목적을 가지고 구축한 공간이다. 참조점은 주제에 해당하고 목표는 새로운 정보인 평언에 해당한다. <그림 3.6>에서 보듯이 주제는 평언을 연결하면서 담화의 지배영역을 한정시켜주는 기능을 하고 있다.

리와 탐슨(Li & Thompson, 1976)은 언어 유형학적 고찰을 통해 언어의 부류를 주제부각언어와 주어부각언어로 나누었다. 그들의 분석에 따르면 중국어는 주제부각언어에 해당하고 영어는 주어부각언어에 해당한다. 다음은 催凤娘(2004)에서 가져온 예문이다.

(22) The man over there I do not like very much.

　　저기에 있는 남자는 내가 별로 좋아하지 않는다.

(22)와 같은 주제문이 영어에 쓰이는 경우는 드물지만 중국어의 경우 실제 언어 상황에서 자주 사용되고 있다. 이 같은 차이는 언어 공동체의 사유방식이 어순의 공간 구성방식에 일정정도 제약을 가하기 때문이다. 영미인은 '장-독립적 사고' 유형을 가지고 있어서 그들의 보편적인 관찰방식은 배경과의 관계에서 대상을 인식하기보다는 대상에 집중하는 경향이 나타난다. 이와 달리 중국인은 '장-의존적 사고' 유형을 가지고 있어서 그들의 보편적인 관찰방식은 배경과의 관계를 인식하면서 대상을 관찰하는 경향이 나타난다.[20] 영미인과 중국인의 사유방식은 언어 체계에 반영되어 중국어의 어순은 '공간-대상' '전체-부분', '수식-피수식'의 공간 구성방식을 비교적 엄격하게 준수하고 있다. 영어의 어순은 '대상-공간', '부분-전체', '피수식-수식'의 공간 구성방식을 선호하는 경향이 나타난다.

다음의 예문에서 주제의 지시적 특성에 대해서 살펴보기로 하자.

(23) *人来了上海。

(23)의 문장이 부적격한 이유는 주제 성분 '人'이 [-한정성], [-특정성]의 의미자질을 지니고 있기 때문이다. (23)처럼 의사소통

---

20) 최지영(2010 : 28-30) 참조.

의 기점인 출발공간에 지시성이 모호한 정보가 입력되면 이를 기저로 하는 목표공간에서 정확한 결과를 도출할 수 없다. 이러한 경우 애매한 정보를 수용한 청자는 기호를 해석하는 과정에서 정보에 대한 조정을 거쳐야만 성공적인 의사소통이 이루어질 수 있다.

만약 '人'이 총칭적으로 해석되는 경우에는 주제어로 제시될 수 있다.

(24) 人是不会满足的动物。
사람은 만족할 줄 모르는 동물이다.

(24)의 '人'이 주제어로 활성화된 이유는 화자와 청자가 '人'을 생물의 분류체계로 인식하고 있기 때문이다. 따라서 화자가 지시하는 대상을 청자가 어느 정도 확인 가능하고 인지할 수 있는지는 매우 중요하다.

전혀 언급되지 않은 정보를 주제로 제시하는 경우 화자는 새로운 지시대상에 대해서 청자가 인지할 수 있도록 다양한 방법을 모색해야 한다. 김범열(2012)은 지시체에 대한 인지적 특성으로 '정체 확인 가능성'과 '인지적 접근 가능성'이 주제 표현에 중요한 역할을 한다고 보았다. 그가 제시한 예문을 살펴보자.

(25) 我认识的一位新闻界前辈, 退休也投身股市。
내가 아는 언론계의 한 선배는, 퇴직 후 주식시장에 투신했다.
(26) 我的一个朋友, 很喜欢过乡下恬静的生活。
나의 한 친구는, 시골의 평온한 생활을 아주 좋아했었다.

주제어가 비한정적 성분일 때 수식성분 '我认识的'와 '我的'를 부가함으로써 '특정한 지시체'라는 것을 알아차리게 한다면 청자의 이해를 도울 수 있다. (25-26)처럼 지시체에 대한 인지적 접근이 가능해진다면 주제로 선택될 가능성이 높아지게 된다.

하나의 문장에서 두 개 이상의 주제가 출현 가능한데 이를 제1주제, 제2주제 또는 대주제, 소주제로 부르고 있다. 曹逢甫(2005)는 문두에 출현하지 않는 장소구, 시간구, '把'자문의 목적어를 제2주제로 보고 있다.

(27) 他在学校里打了人, 所以被老师处罚了一顿。
그는 학교에서 사람을 때려서 선생님에게 한 차례 처벌을 받았다.
(28) 他把房子装修了一下, 漆一漆, 然后再卖出去。
그는 집을 공사하고 페인트칠을 한 후에 팔았다.

(27-28)의 '在学校里'와 '把房子'를 제2주제로 보아야 할지는 지시대상에 대한 '정체 확인 가능성'과 '인지적 접근 가능성'을 토대로 확인해 보기로 하자. '정체 확인 가능성'으로 확인되는 지시체는 한정적이고 특정적 성분으로 청자가 부담을 느끼지 않고 쉽게 확인할 수 있는 대상이다. 따라서 주제의 중요한 특징 중의 하나인 '대하여성(aboutness)'으로 주제인지 아닌지 확인할 수 있다. 그런데 (27)의 '在学校里'는 전체적인 맥락에서 사건의 발생 장소만을 나타낼 뿐이다. 이러한 점에서 '在学校里'를 제2주제로 본다는 견해는 '정체 확인 가능성'으로 확인하기 어렵다. (28)에서 '把'의 목적

어 '房子'는 화자와 청자의 의식에서 확인이 가능한 지시대상이므로 제2주제의 역할을 충당할 수 있는 조건이 성립된다.

두 번째로 제시된 '인지적 접근 가능성'은 제1주제와 제2주제의 '상관성' 및 '화자의 주관성'으로 확인할 수 있다. 먼저 (27)의 경우 '他'와 '老师'는 모두 학교라는 공간과 상관성이 존재한다. 그러나 주관성 측면에서 살펴보면, 장소구 '在学校里'는 사건이 발생한 장소를 나타낼 뿐 화자의 주관적 감정이 이입된 장소로 보기는 어렵다. 이러한 이유로 '인지적 접근 가능성' 측면에서 '在学校里'를 제2주제로 보기는 어렵다. (28)의 경우 임시적이든 항상적이든 '他有房子'를 함의하고 있으므로 '他'와 '房子' 간에는 소유자와 피소유자의 인지적 상관관계가 이루어진다. 또한 '把'자문이 화자가 주관적 태도를 가지고 대상의 처리를 강조하는 문법의미를 나타내므로[21] '인지적 접근 가능성' 측면에서 '把房子'는 제2주제의 역할을 충당할 수 있는 조건이 성립된다.

이제 동사중출문에 설정된 '주제-평언'의 공간적 특징을 살펴보기로 하자. 기존 논문을 살펴보면, 동사중출문은 동사와 보어가 긴밀한 연쇄를 이루면서 구조적 변화를 통해 생성되었을 것으로 여겨진다.[22] 구조적 변화를 통해 동보구조 앞으로 이동한 목적어는 활성화된 정보로 승격되면서 자연스럽게 주제의 지위를 부여받게 된다. 다음의 예문을 보자.

---

21) 沈家煊이 '把'자문의 문법의미를 '주관적 처치'라고 한 것 역시 '把'의 목적어를 '감정이입에 의한 처치 대상'으로 보았기 때문이다.
22) 일반적으로 王力(1944), 赵元任(1968)에 의해서 이루어진 동사중출문에 대한 연구는 '宾补争动说' 시기로 분류된다.

(29) 他踢球踢得忘了时间。

그는 공을 차느라고 시간 가는 줄도 몰랐다.

(30) 她喝那个橙汁喝得受凉了。

그녀는 오렌지 쥬스를 마시더니 감기에 걸렸다.

(31) 孩子吃螃蟹吃吐了。

아이가 꽃게를 먹더니 토해냈다.

동사중출문의 동목구조와 동보구조는 긴밀한 연쇄를 이루고 있으며 이들의 순차적 배열은 '구정보—신정보'의 공간적 제약을 준수하고 있다.

동목구조와 동보구조 간에는 아래와 같이 휴지를 두거나, '啊', '呢', '吧', '嘛', '哪' 등의 주제표지를 삽입할 수 있다.

(29´) 他踢球(啊), 踢得忘了时间。

(30´) 她喝那个橙汁(啊), 喝得受凉了。

(31´) 孩子吃螃蟹(啊), 吃吐了。

따라서 동사중출문에 내재된 구조를 주제와 평언으로 나누어서 다음과 같이 분석할 수 있다.

(32)　　　他　　　　　　踢球　　　　　　　踢得忘了时间

제1주제　　　　　제2주제　　　　　　　평언

(대주제)　　　　(소주제)

동사중출문의 주어와 동목구조가 각각 제1주제, 제2주제의 외연을 가질 수 있는 것은 의문문 "SVOV得怎么样?"과 대응관계를 가진다는 사실에서도 확인할 수 있다.

(29″) 他踢球踢得怎么样？
(30″) 她喝那个橙汁喝得怎么样？
(31″) 孩子吃螃蟹吃得怎么样？

위의 의문문에서 동목구조는 화자와 청자가 공유하고 있는 정보로서 목표공간에 대한 정보를 탐색할 수 있는 준거가 된다.

동사중출문을 '把'자문 형식으로 변환하면 동목구조는 제1주제로 승격될 수 있다.

(29‴) 踢球把他踢得忘了时间。
(30‴) 喝那个橙汁把她喝得受凉了。
(31‴) 吃螃蟹把孩子吃吐了。

'把'자문 형식으로 변환된 (29‴-31‴)에서는 동목구조인 제1주제가 문장의 '원인' 사건을 나타내고 동보구조는 평언으로서 원인에 의해 도출되는 '결과' 사건을 나타낸다.

이상의 논의를 통해 주제는 평언과 의미적으로 느슨한 관계를 이룰 수 있음을 살펴보았다. 또한 주제가 담화 영역을 설정하는 참조점의 기능을 하기 때문에 지시적 특성과 인지적 특성이 통섭된 양상으로 구현되고 있음을 살펴보았다. 이러한 특징은 청자로 하여금 지시체에 대한 이해를 도와서 목표공간에 담긴 새로운 정보에 대한 인지적 접근 가능성을 높여주고 있다.

1.4. 주제 - 초점

초점(focus)은 의사소통의 과정에서 화자가 의도적으로 강조하는 부분이나 가장 중요하다고 여기는 부분이다. 청자에게 전달하려는 정보가 무엇인지를 명확하게 이해시키기 위해서 화자는 상황적 맥락에 따라 다양한 방법으로 초점을 부여할 수 있다.

할리데이(Halliday, 1967)에 따르면, 초점은 일종의 강조로서 화자가 전달하고자 하는 전언 중에서 청자가 중요한 정보로 해석되기를 바라는 부분이라고 하였다. 그는 통상적으로 초점은 진술의 일부분 또는 전체일 수 있지만 텍스트적 또는 상황적으로 유도될 수 없는 신정보도 포함한다고 하였다. 람브레트(Lambrecht, 1994)는 초점을 발화에서 예측 불가능한 요소로 보고 초점 영역이라는 개념을 도입하였다. 그에 따르면, 초점은 단순히 어휘범주가 아니며 초점 영역 속에는 비초점 요소가 포함될 수 있다고 하였다.

인지언어학적 관점에서 래내커(Langacker, 1994)가 초점을 신체적 경험의 한 가지 양상[23])이라고 제안한 점은 주목할 만하다. 초점을 통해서 내적으로 인지과정의 강도 또는 에너지를 연상할 수 있으며 강도와 에너지는 경험적으로도 현저하게 나타난다고 하였다. 여러 가지 유형의 초점 중에서 문미초점은 신체적 경험에서 직접적으로 동기 부여된다. 신체적 경험에서 '앞'은 미지의 세계로 인식되며 문미초점은 새로운 정보로 인식된다는 측면에서 공통점을 가진다는 점에서 그러하다.

---

23) Langacker(1987 : 115) 참조.

본 절에서는 다양한 초점 유형 중에서 '문미초점', '강세에 의한 초점', '어순 변화', '초점표지', '대조초점'의 공간적 특징을 살펴보기로 한다.

먼저 다음의 예문을 통해 문미초점의 공간적 특징을 살펴보기로 하자.

(33) a : 主席团坐在哪儿'？
　　　의장단은 어디에 앉아 있습니까?
　　b₁ : 主席团坐在台上'。
　　　의장단은 단상에 앉아 있습니다.
　　b₂ : ?台上坐着主席团'。

(33a)는 출발공간에서 구정보인 '主席团'에 준거하여 목표공간에서 '坐在哪儿'이라는 질문을 제시하고 있다. 이에 대한 대답으로 b₁이 적절한 것은 활성화된 정보를 토대로 새로운 정보를 구축하는 '구정보-신정보'의 공간적 구속관계를 준수하고 있기 때문이다. b₂의 경우 문법적 오류는 범하지 않았지만 a의 공간적 구속관계와 일치하지 않기 때문에 부적절한 대답으로 간주되고 있다.

문미초점 방식은 '최소 작용의 원리(least action principle)'[24]와 관련된다. 문미초점이 가장 자연스러운 초점 방식인 것은 최소의 힘을 들여서 청자에게 효과적으로 정보를 전달할 수 있는 방법이기 때문이다. 다음의 예문을 보자.

---

[24] '최소 작용의 원리'는 물리학적 개념으로 가장 작은 에너지로 작용하여 어떤 운동을 일으키게 하는 것을 말한다. 이시우(2004) 참조.

(34) 那个实验, 他做了整整一晚上'。

그 실험은 그가 밤새도록 했다.

(35) 桌子上铺的白布白得像雪'。

탁자 위에 깔아놓은 흰 천은 눈처럼 하얗다.

(36) 我们乘汽车到了南京路'。

우리들은 버스를 타고 난징루에 갔다.

문미초점 방식은 범언어적으로 자연스러운 정보 전달 방식이다. 이러한 담화 태도가 가능한 것은 활성화된 정보를 바탕으로 문미의 새로운 정보에 초점을 부여하는 방식이 관습화되어 있기 때문이다.

물리학적 개념으로 사용되는 '최소 작용의 원리'는 우리의 신체적 경험과 연관된다. 신체적 경험에서 최소 작용은 우리의 몸이 앞을 향할 때이다. 우리의 몸은 앞으로 향해있거나, 앞을 향해서 걷거나 활동을 때 편안함을 느낀다. 만약 몸을 뒤로 돌리거나 신체적 기능을 옆이나 뒤로 작동시킬 때 우리는 더 많은 에너지를 소비해야 한다. 신체를 앞으로 향해서 뭔가 취할 수 있다는 사실과 문미에 설정된 초점을 통해 새로운 정보를 탐색할 수 있다는 사실은 공통된 속성이면서 에너지를 최소화할 수 있는 방법이다. 이 같은 신체적 지향성이 언어적 측면에 다루어질 때 (34-36)처럼 문미성분인 '整整一晚上', '像雪', '南京路'에 초점이 부여되는 방식으로 구현된다. 문미초점은 에너지를 최소화하는 경향으로 설정된 방식이기 때문에 의사소통의 효율성과 단순화를 지향하는 언어의 경제성 원리와도 관련이 있다.

화자는 대화 과정에서 다양한 방식을 사용하여 청자에게 자신의 관점을 전달하려고 한다. 화자가 선택하는 다양한 강조 방식 중에서 강세에 의한 초점 표현을 살펴보기로 하자. 다음은 Jackendoff (1972)에서 가져온 예문이다.

> (37) a. Is it JOHN who writes poetry?
>
>   시를 쓰고 있는 사람은 존입니까?
>
>   b1. No, it is BILL who writes poetry.
>
>   아니요, 시를 쓰고 있는 사람은 빌입니다.
>
>   b2. ?No, it is JOHN who writes short stories.

화자가 'JOHN'에 강세를 둔 질문에 호응해서 'BILL'에 초점을 부여한 (b1)은 자연스러운 대답이다. (b2)는 다음과 같은 오류를 범하고 있다는 점에서 부적절한 대답이다. 첫째, 응답자가 'No'라는 대답을 선택했다면 'JOHN'과 대응되는 특정인이 제시되어야 하는데 여전히 'JOHN'이 제시되었기 때문이다. 둘째, 구정보인 'poetry' 자리에 오히려 새로운 정보인 'short stories'를 제시하였기 때문이다.

다음에서는 주술술어문(NP$_1$+NP$_2$+VP) 형식의 예문을 통해서 역동적인 초점 부여 방식 중의 하나인 '어순 변화'에 대해서 살펴보기로 한다.

> (38) 他工作'积极。
>
>   그는 일하는 것이 적극적이다.
>
> (39) 他做事'认真。
>
>   그는 일하는 것이 진지하다.

陈平(1994)에 따르면, 화자가 의도적으로 '工作'와 '做事'를 술어 앞으로 이동시켜서 이들을 초점화한 것이라고 설명하고 있다. (38) 과 (39)의 초점 부여방식은 화자가 행위자의 동작행위를 관찰한 후 자신의 주관적 판단을 반영한 것으로 볼 수 있다.

이제 초점표지에 의한 초점 표현을 살펴보기로 한다. 邓守信 (1979)은 '是'가 초점표지의 기능을 한다고 최초로 언급하였다. 方梅 (1995)는 구어에서 초점을 표시할 때 '是'를 사용하지 않고 '的'만을 사용해서 변형 형식인 '(是)……的'를 초점표지로 사용하는 경우가 많다고 지적하였다. 또한 '是……的' 구문에서 '是'는 초점의 위치를 정해주는 기능을 담당하고 있으며 '的'는 통제와 제한의 기능을 담당한다고 하였다. 한편 方梅(1995)는 '是'의 기능이 영어의 분열문인 'it……that' 강조 구문과 상응한다는 논증을 통해서 '是'가 초점 표지라는 것을 분명하게 밝히고 있다. 다음은 문장의 초점표지 기능을 하는 '是……的' 구문의 예문을 나타낸 것이다. 다음은 方梅 (1995)에서 가져온 예문이다.

(40) a. 是小王'昨天在镇上用奖金给女朋友买的戒指。
　　　(用于回答"哪个人")
　　　샤오왕이 어제 마을에서 보너스로 여자 친구에게 반지를 사줬다.
　　b. 王是昨天'在镇上用奖金给女朋友买的戒指。
　　　(用于回答"哪天")
　　c. 小王昨天是在镇上'用奖金给女朋友买的戒指。
　　　(用于回答"在哪个地方")

    d. 小王昨天在镇上是用奖金'给女朋友买的戒指。
      (用于回答"从哪里开支")
    e. 小王昨天在镇上用奖金是给女朋友'买的戒指。
      (用于回答"给哪个人")
    f. *小王昨天在镇上用奖金给女朋友买的戒指。

초점표지 '是'는 뒤에 있는 성분을 강조하는데 (40f)처럼 '是'를 생략하게 되면 비문이다. 다음의 예문을 통해서 통사적으로 확장된 구조와 초점표지 '是'의 관계를 살펴보기로 하자.

(41) a. 小王买的戒指
     b. 小王昨天买的戒指。
     c. 小王昨天在镇上买的戒指。
     d. ? 小王昨天在镇上用奖金买的戒指。
     e. ? 小王昨天在镇上用奖金给女朋友买的戒指。

사건구조가 복잡할수록 초점표지 '是'를 생략하게 되면 문장의 적격성 여부에 부정적인 영향이 초래되고 있다. 이는 초점표지 '是'의 생략이 단순한 형식일 때만 가능하다는 것을 말해준다. 그런데 (41d)와 (41e)에서 '的'를 시태조사 '了'로 변환할 경우 문장은 오히려 성립한다. 다음의 예문을 보자.

(42) 他是昨天'回来的。
    그는 어제 돌아온 것이다.
(43) 我是2004年'毕的业。
    나는 2004년에 졸업한 것이다.

(44) 是王老师昨天给留学生讲的课。

왕 선생님이 어제 유학생에게 강의를 한 것이다.

(45) 我们今天是在实验室用仪器检测实验结果。

우리는 오늘 실험실에서 기구를 사용해서 실험 결과를 테스트한다.

'是……的' 구문에 나오는 사건은 모두 과거에 실현된 사건을 나타내며 '是' 뒤의 성분은 화자가 전달하고자 하는 정보이다. '是……的' 구문은 '신정보−구정보'의 공간적 특징을 구현하는데 이는 '是……的' 의문문에서 의문사가 '是' 바로 뒤에 온다는 점에서 확인할 수 있다.

(46) 他是什么时候来的？

그는 언제 온 것입니까?

(47) 这是谁买的衣服？

이것은 누가 사준 옷입니까?

(48) 是谁昨天给留学生讲的课？

누가 어제 유학생에게 강의를 한 것입니까?

(49) 你们今天是在哪儿用仪器检测实验结果？

당신들은 오늘 어디에서 기구를 사용해서 실험 결과를 테스트합니까?

'구정보−신정보'의 정보조직 원리와 상반되는 '신정보−구정보'의 공간적 구속관계는 화자가 의도적으로 구축하는 공간적 틀이다. 우리의 신체적 경험을 앞쪽에서 뒤쪽으로 향할 때 더 많은 에너지가 소비되는 것처럼 '신정보−구정보'의 공간적 구속관계 역시 인지과정에서 더 많은 에너지가 필요하다. 이러한 의미에서 강세, 어순 변화, 초점표지 등에 의한 공간 구성방식은 최소 작용의 원리를 따른다고 볼 수 없다. 그러나 청자에게 주의를 환기시켜 줄 수 있다는 점에서 경제적이고 효율적인 의사소통 방식으로 간주할 수 있다.

중국인은 단어의 구성이나 대련(對聯) 용법, 심지어 산문을 쓸 때도 대비성이나 대칭성을 매우 중시하는 언어 습관을 가지고 있다. 문장에서의 대비 기능은 '대조초점(contrastive focus)'을 통해서 표현할 수 있다.

(50) 他在北京'读书, 我在上海'读书。
그는 베이징에서 공부를 했고 나는 상하이에서 공부를 했다.
(51) 我作业'做完了, 家务'也做完了。(陈昌来, 2000)
나는 숙제도 다 했고 집안일도 다 했다.

(50)에서는 '北京'과 '上海' 간에 대조관계를 이루고 있으며, (51)에서는 '作业'와 '家务' 간에 대조관계를 이루고 있다. 두 성분 간의 대조관계는 의미적으로 유사한 범주에서 이루어져야 한다.

(52) 他们家的孩子爹'不像, 妈'不像, 像隔壁的老刘'。
그들 집의 아이는 아빠도 안 닮고 엄마도 안 닮고 옆집의 라오리우를 닮았다.
(53) 小明爸爸'不怕, 妈妈'不怕, 谁'也不怕。
샤오밍은 아빠도 무서워 하지 않고 엄마도 무서워 하지 않고 아무도 무서워하지 않는다.

(52)와 (53)에서 대비되는 의미 범주인 '爹', '妈', '老刘'와 '小明', '妈妈', '谁'는 [＋유정성]이나 [＋친족]의 의미자질을 공유하고 있다. 만약 대비쌍이 서로 다른 의미 범주에 속한다고 하더라도 은유적 기제를 통해 유사한 의미 범주로 확장되면 대비초점으로 사용할 수 있게 된다.

다음의 예문은 장소에 대비초점이 부여되었지만 비문으로 간주되고 있다.

(54) *他在北京'读书, 我在学校'读书。

만약 (54)처럼 초점을 베이징에 부여했다면 후속절에서도 대조관계를 이루는 상하이나 뉴욕과 같은 도시가 제시되어야 한다. 하지만 도시와 무관한 '学校'가 제시되었으므로 두 성분 간에는 대조관계를 이룰 수 없다.

초점은 '구정보－신정보', '주제－평언' 등의 공간 구성방식과 비교했을 때 상대적으로 역동적인 공간적 특징을 보여주고 있다. 초점은 잠재적인 요소로서 화자가 강조하려는 부분이 언어 상황적 맥락에 따라 달라질 수 있기 때문이다. 따라서 절대적인 시·공간적 관점에서 초점을 시간의 축에 설정된 위치 제약으로 구속한다면 '초점'의 공간적 특징을 설명하는 데는 한계가 있다. 상대적인 시·공간적 관점에서도 초점의 공간적 특성을 설명하기 어려운데 이는 상대적 시간에서의 시간과 공간은 상보관계를 이루기 때문이다. 우리는 현실 세계에서 과거 시점의 어떤 공간으로 거슬러 올라

가서 특정한 곳에 위치하는 것은 불가능하다. 그러나 추상적 세계에서는 시·공간의 좌표축에 시간과 공간이 교차되는 위치에 초점을 부여할 수 있다.

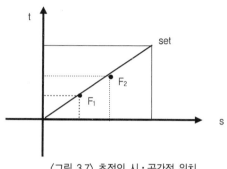

〈그림 3.7〉 초점의 시·공간적 위치

<그림 3.7>에서 s와 t는 각각 공간과 시간을 나타내며, s와 t 사이의 사선은 실제 발화를 나타내며, set(speaking end time)은 발화 종료 시간을 나타낸다. 시·공간 좌표에서 s와 t가 만나는 점은 강조하고자 하는 부분으로 유한한 공간에서 이루어지는 모든 언어적 사실을 포함한다. 이에 따라 초점은 문장에 둘 이상을 부여할 수 있으며 화자가 중요하다고 판단되는 부분에 다양한 방식으로 부여할 수 있다. 초점의 공간 구성방식은 비교적 자유롭게 구성되지만 최소 작용의 원리가 적용되는 문미초점이 가장 자연스럽고 보편적인 방식이라는 사실에서 초점 역시 공간적 제약을 받고 있음을 확인할 수 있다.

1.5. 한정성 – 비한정성

한정성과 비한정성은 언어기호와 지시대상에 대한 화자와 청자의 인지상태에 따라 구별된다. 일반적으로 한정성은 언어적 맥락, 상식, 공유지식[25]을 기반으로 설정하기 때문에 지시대상을 쉽게 확인할 수 있다. 그러나 화자의 의식에서 '상식'이라고 판단한 지시체에 대해서 청자가 알지 못할 가능성은 존재한다. 다음은 高順全(1994)에서 가져온 예문이다.

> (55) 女主人：(对刚来不久的小保姆)把吸尘机拿过来。
> 小保姆：吸尘机? (看着满房间的家具)哪个是吸尘机呀?
> 여주인 : (온지 얼마 안 된 가정부에게) 청소기를 가져 오세요.
> 가정부 : 청소기? (방안 가득한 가구를 보면서) 어떤게 청소기
> 예요?

(55)에서 화자는 청자가 청소기를 알고 있을 것이라고 판단했을 것이다. 이는 '女主人'이 '把'자문을 사용해서 발화했다는 점에서 확인할 수 있다.[26] 그런데 청자는 지시대상을 알지 못하기 때문에 언어기호와 대응되는 지시대상을 확인하는 과정이 필요하다. 이처럼 화자가 가리키는 지시대상을 불분명하게 알고 있거나 모를 경우 의사소통은 지연될 수밖에 없다.

영어의 경우 명사의 한정성과 비한정성은 관사체계를 통해서 구

---

25) '공유지식'이란 화자와 청자가 알고 있는 대상이나 상황은 물론 화용지식, 문화 지식, 사회 지식과 밀접한 관계를 가지고 있다. 이범열(2012) 참조.
26) '把'의 목적어가 한정적, 특정적 대상을 가리킨다는 점에서 그러하다.

분할 수 있는 반면, 중국어처럼 관사체계가 발달하지 않은 언어는
지시대사를 사용해서 명사구의 한정성을 표현할 수 있다.

    (56) a. I'm looking for a book to read on the plane.
        b. 我想找一本书在飞机上看。
          나는 비행기에서 읽을 책 한 권을 찾고 있다.
    (57) a. I read the book you told me about.
        b. 你告诉我的那本书我看了。
          당신이 나에게 말한 그 책은 내가 봤습니다.

  屈乘熹·纪宗仁(2005)에 따르면, (56a)의 'a book'의 경우는 한정
성과 비한정성의 중간상태라고 규정하고 있다. (57a)의 'the book'
은 화자가 자신뿐만 아니라 청자도 알고 있으리라는 판단 하에 발
화된 한정적 표현이다. 라이언스(Lyons, 1980)에 따르면, 정관사를 사
용하는 것은 청자가 이미 지식을 갖고 있다고 주장하기보다는 청
자에게 지시체가 있는 공유 집단의 존재를 알려주는 것이라고 하
였다.

  이제 다양한 구문의 분석을 통해서 현대중국어의 한정성과 비한
정성의 공간적 특성을 살펴보기로 한다. 먼저 주제의 한정성을 살
펴보기로 하자.

    (59) 老王的两本书我拿走了。
        라오왕의 책 두 권은 내가 가지고 갔다.
    (60) 物价纽约最贵。
        물가는 뉴욕이 가장 비싸다.

(59)의 문두성분인 '老王的两本书'에서 소유격표지 '的'는 독립적 관계에 있는 '老王'과 '两本书'를 연결시켜 주는 기능을 하고 있다. 비한정적 명사가 수량사, 지시사, 관형어의 수식을 받는 경우 인지적 접근 가능성이 높아지므로 '老王的两本书'는 한정적 성분으로 해석될 수 있다. (60)에서 '物价'는 총칭적이지만 '纽约'가 물가의 범위를 특정 지역으로 한정시켜주는 작용을 하고 있다. 徐烈炯(1995 : 257)은 총칭성이 한정성의 상위개념이라고 하였다.

단독명사의 경우에는 통사적 위치에 따라 한정적 성분 또는 비한정적 성분으로 해석되는 경향이 있음을 볼 수 있다.

> (61) 客人来了。
> 손님이 왔다
> (특정한) 손님이 왔다.
> (62) 来客人了。
> 손님이 왔다
> (불특정한) 손님이 왔다.

(61-62)는 현대중국어에서 한정성과 비한정성을 나타내는 통사적 위치에 대한 이해가 부족한 경우에 동일한 의미로 해석하기 쉽다. 일반적으로 문두성분 '客人'은 한정적 성분으로서 '특별한 손님'을 의미하고,[27] 문미성분 '客人'은 비한정적 성분으로서 '어떤 손님'을

---

27) 朱德熙(1982 : 96)에 의하면 중국어의 주어는 구정보이며 확정적인 사물을 표시하고, 목적어는 비확정적인 사물을 표시한다고 하였다. 그의 주장을 살펴보면 중국어의 주어는 강한 한정성의 경향이 있음을 알 수 있다. 그러나 비한정 성분이 주어로 사용되는 경우도 있다. 다음의 예문을 보자.
   a. 谁也不认知他。 (누구도 그를 모른다.)

의미하므로 통사적 위치가 다른 '客人'의 의미는 다르게 해석된다.

(61-62)처럼 통사적 위치가 다른 '客人'에 수식성분을 연결해서 의미를 확장시켜주면 한정성과 비한정성의 의미적 차이가 분명하게 구별된다.

> (63) 昨天约的客人来了。
>
> 　　 어제 예약한 손님이 왔다.
>
> (64) *来了我昨天约的客人。

공간적 측면에서 살펴보면, 한정적 명사구는 속성이 다른 두 개 이상의 공간의 연결을 통해 지시적 정보를 분명하게 전달할 수 있다. 이와 달리 (64)의 비한정적 명사구인 '客人'은 화자와 청자의 의식 속에 없는 존재대상이므로 다양한 속성의 공간과의 연결을 통해서 지시적 위계를 높일 수 없다.

한정성과 비한정성의 공간적 특징을 <그림 3.8>을 통해서 살펴보기로 하자.

---

b. 哪儿也都不去。(어디든 가보지 못했다.)

c. 一个人也不说。(아무도 말하지 않는다.)

위의 예문에 출현한 주어는 의문대사와 비한정성, 총칭성을 나타내는 명사구이다. 이들의 공통점은 범위 부사인 '也'와 '都'가 주어 바로 뒤에 출현한다는 것인데, 이러한 범위부사의 의미지향은 주어를 향하며 주어의 범위를 한정시키는 작용을 하고 있다. 이러한 점에서 볼 때, 문두에 출현하는 문장성분은 어느 정도의 한정성을 가지고 있다고 할 수 있다.

(61ʹ) 客人来了。

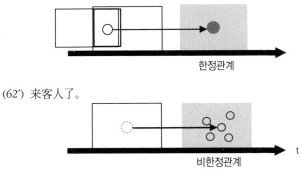

〈그림 3.8〉 한정성과 비한정성의 공간적 특징

　　〈그림 3.8〉에서 작은 원은 지시대상을 나타내며 지시대상에 대한 화자와 청자의 인지상태에 따라 한정성과 비한정성으로 구별된다. (61ʹ)의 출발공간에 존재하는 작은 원은 다양한 속성을 지닌 공간의 중첩으로 이루어진 지시대상을 나타낸다. 따라서 문두에 출현하는 '客人'은 어제 왔던 손님이거나 예약한 손님일 것이다. (62ʹ)의 출발공간에 존재하는 점선의 작은 원은 화자의 의식체계 속에 존재하지 않은 지시대상을 나타내므로 새로운 정보가 담긴 목표공간에 도달해야만 지시대상의 확인이 가능하다. 따라서 '客人'은 화자와 청자가 예상하지 못한 손님으로 해석된다. 〈그림 3.8〉의 (61ʹ)에서 한정적 지시대상은 다양한 속성을 가지고 있는 공간의 중첩에 의해 도출되므로 무리 전체로부터 변별할 수 있는 특징을 지닌다. 이와 달리 (62ʹ)의 비한정적 지시대상은 하나의 공간에 범칭적 특성을 가지는 대상과 무리지어 있기 때문에 지시대상에 대한 변별력은 떨어진다.

이제 비한정적 성분이 문두에 출현하는 경우 어떠한 제약을 받고 있는지 몇 개의 예문을 통해 살펴보기로 한다. 먼저 '수량명' 형식이 문두에 출현하는 경우를 살펴보자.

(65) 一本书多少钱？
　　　책 한 권에 얼마예요?
(66) a. *两个人来了。
　　 b. 两个人都来了。
　　　두 사람이 모두 왔다.
(67) a. *一个人很自私。
　　 b. 一个人(啊)，不应该太自私。
　　　사람이란 너무 이기적이어서는 안 된다.

(65)의 질문이 서점에서 책을 구입하고 있는 장면에서 발화한 것이라면 '一本书'는 청자와 화자가 확인할 수 있는 지시대상으로 이해할 수 있다. (66b)의 비한정적 명사구 '两个人'은 범위부사 '都'의 도움을 받아 한정적으로 해석된다. (67a)처럼 '一个人'이 지시하는 개념이 보편적이고 범칭적인 의미를 지닐 때 이기적이라는 진술은 인지적으로 수용하기 어렵다. 그러나 문장 속에 '应该', '能', '会'와 같은 양상 요소를 지니고 있는 경우 한정적 의미로 해석할 수 있다.[28]

'有＋NP' 형식이 문두에 출현하는 경우에 한정적 의미로 해석할 수 있다.

---

28) 중국언어연구회 편(1991 : 128) 참조.

(68) 怎么会有鬼呢？

　　어떻게 귀신이 있을 수 있겠어?

(69) 有人在门口等你。

　　어떤 사람이 입구에서 너를 기다린다.

　　통사적 측면에서 비한정적 성분인 '鬼'는 문미에 위치하는 것이 일반적이다. 하지만 (69)와 같이 '有+NP' 형식으로 구성하면 주제화되어 문두 출현이 가능해진다. 한국어에서도 '사람이 입구에서 너를 기다리고 있어'라고 말하면 어색하지만 '사람' 앞에 범위를 한정시키는 관형어를 부가해서 '어떤 사람이 입구에서 너를 기다리고 있어'라고 말한다면 자연스러운 발화로 수용된다. 중국어에서 '有+NP'가 한정성을 가지는 이유는 '有'에 존재하다라는 의미의 흔적이 남아있기 때문이다. '有' 존재문은 '공간+有+대상'으로 형식화되는데 존재문에서 대상은 정지된 상태로 존재하지만 (69)처럼 후속 사건에서 활동성을 부여받을 수 있다는 것이다. 이에 대해서는 존재 도식에서 좀 더 자세하게 논할 것이다.

　　지금까지의 논의에서 중국어에서 한정성과 비한정성의 공간적 구속관계와 그에 따른 지시적 특징을 살펴보았다. 한정성은 무리로부터 변별할 수 있는 특성을 지니므로 지시체를 쉽게 구별할 수 있지만 비한정성은 무리로부터 변별성을 획득하기 어려우므로 지시체를 구별하기는 쉽지 않다. 그러나 일부 총칭적으로 해석되는 비한정적 명사구의 경우 'NP+都' 형식이나 '有+NP' 형식으로 구성하면 한정적 의미로 해석되어 문두 출현이 가능한 경우도 있음을 확인할 수 있다.

2. 관계 공간(relational space)

관계는 둘 이상의 사물이 힘을 수수하는 과정에서 발생한다. 물리학적 측면에서 사물 간에는 힘의 상호작용에 따라서 거리를 형성하기도 하고 상태변화를 초래하기도 한다. 이 책에서는 우리가 사용하는 언어 역시 물리적 세계와 마찬가지로 외부적 힘이 문장 성분의 질서 체계에 작용하고 있다고 보고 있다. 본 장에서는 공간을 연쇄시키는 에너지로 간주되는 작용력과 공간 간의 거리적 관계로 인식되는 인접성에 대해서 논할 것이다.

2.1. 작용력

작용력(effect force)은 사물 간에 작용하여 상호 영향을 미치는 힘을 가리킨다. 작용력은 인간의 활동을 이끌어내는 기본적인 동력이다. 우리는 '나의 몸 안에서 에너지가 솟는다'라는 표현을 쓰고 있다. 이는 내면세계와 외부세계 간에 에너지가 상호작용하고 있음을 나타낸다. 우리는 일상생활에서도 작용력을 경험하면서 내적, 외적 변화를 감지하고 있는데 이러한 경험을 실제 언어에 반영하고 있다. 예를 들어 동작동사는 인간의 활동이나 인간과 사물의 관계를 설명해 주고 있다. '좋고 나쁨', '기쁘고 슬픔' 등의 정서는 외부세계와 접촉을 통해서 수용한 에너지를 우리의 감각세계에 이입한 결과로 이해할 수 있다. 이러한 정서적 태도는 심리동사에 의해 표현할 수 있다.

탈미(Talmy, 1988)는 물리학적 개념으로 사용하고 있는 역학 원리를 근거로 힘역학(force dynamic)이 언어적 측면에 어떻게 반영되고 있는지를 논의한 대표적인 학자이다. 그는 힘역학 모형을 통해 '사건 개념'을 설명하였다. 힘역학과 관련된 의미 범주는 힘의 발휘, 힘의 저항, 저항에 대한 극복, 힘 표현의 봉쇄 및 그 봉쇄의 제거 등을 포함한다. 이 책에서는 탈미가 제시한 힘역학을 '작용력'이라고 부를 것이다. 언어에 내재된 물리적, 심리적, 사회적인 영향관계를 나타내기 위해서는 '작용력'이 좀 더 적절한 용어라고 여겨지기 때문이다.

언어적 측면에서 작용력은 사물 간의 상호작용 결과에 따라서 동태적 유형과 정태적 유형으로 나눌 수 있다. 다음의 예문을 살펴보자.

> (70) 他打破了花瓶。
>   그는 화병을 깨서 파손시켰다.
> (71) 他跑步跑累了。
>   그는 달리고 났더니 피곤했다.

(70)은 '他'가 '花瓶'에 힘을 가한 결과 '花瓶'이 파손된 상황을 동태적으로 묘사하고 있다. (71)에서 행위자가 촉발한 동작행위 '跑'는 시간이 경과함에 따라 '累'의 정태적 상태로 변화하였다. 언어의 내적성분인 작용력은 시간의 흐름에 따라 사물의 상태변화를 초래시키며 문장성분의 배열에 직·간접적으로 영향을 미친다. 본 절에서는 동보구조와 사건 도식에 내재된 작용력을 어순과 관련하

여 논의하기로 한다.

먼저 동보구조에 내재된 작용력을 살펴보기로 한다. 동보구조는 동작행위와 인간의 지적 활동을 토대로 이루어진 개념적 구조이다. 이 책에서는 동보구조를 의미 작용에 의한 '결합력(binding force)'으로 결속된 형태로 규정하기로 한다. 그 이유는 동보구조의 중심 단어인 동사가 보어와 무작위로 결합하는 것이 아니라 동사가 가지고 있는 '힘'의 정보에 의해서 결정된다고 보기 때문이다. 동보구조는 동사의 핵심의미를 중심으로 결합 가능한 보어는 다음과 같이 '망 모형(network model)'을 이루고 있다.

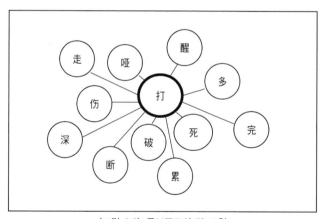

〈그림 3.9〉 동보구조의 망 모형

현대중국어에서 동사는 의미적으로 자족(自足)하지 못하다. 따라서 동작동사 '打'는 때리는 상태를 설명할 뿐 그 동작이 완성되었는지, 동작의 상태가 어떠한지, 동작의 완료 후 힘의 영향을 받은 수동자의 상태가 어떻게 변화되었는지에 대한 정보는 알 수 없다.

이 같은 동사의 내적 결핍으로부터 벗어나 자족성(自足性)을 확보하기 위해서는 <그림 3.9>처럼 보어와의 결합은 필연적이다. 이 때 동사의 동태적, 정태적 변화는 어떤 보어와 결합하였는지에 따라 달라진다. 위의 망 모형을 살펴보면 '打'와 결합한 다양한 보어의 의미는 대체적으로 폄의와 관련되어 있다. '打'의 핵의미인 '때리다'의 정보적 속성이 부정적이거나 불쾌한 느낌을 주는 경향으로 활성화되기 때문이다. 그렇다면 동사의 핵의미에 근거해서 보어와의 의미 작용이 구체적으로 어떻게 실현되는 것일까? 북경대학교 현대중국어 코퍼스에서 검색한 다음의 예문을 통해서 동사와 보어의 의미 작용에 의한 결합력을 살펴보기로 하자.

(72) 她俩上车就开始吃, 吃饱了一个去后边的长椅上睡觉了。
그녀 둘은 차를 타서 먹기 시작하고는 배불리 먹고 난 후 한 명은 뒤쪽의 긴 의자로 가더니 잠을 잤다.

(73) 一个多月的"导演"生活, 让我在不知不觉中爱上了这一行, 我觉得做名导演, 远比编剧过瘾。
1개월 여 동안의 '감독' 생활은 나도 모르는 사이에 이 일을 사랑하게 만들었다. 나는 유명한 감독이 되는 것이 시나리오를 쓰는 것보다 훨씬 재미있다는 생각이 들었다.

(74) 张艺谋拍完≪一个和八个≫回家来时, 带了一个新剧本。
장이머우는 ≪一个和八个≫의 촬영을 끝내고 집에 돌아올 때 새로운 극본을 가져왔다.

동작동사 '吃'는 먹는 행위와 연상되는 보어와 의미 작용을 해야만 행위의 구체적인 결과나 먹고 난 후의 심리적인 상태를 형상화시킬 수 있다. 심리동사는 정신적 작용에 관한 것이기 때문에 동작동사와 보어의 의미 작용에 의한 결합에서 보이는 것처럼 다양한 의미적 스펙트럼을 구현하지 못한다. 북경대학교 현대중국어 코퍼스 검색을 통해서도 심리동사와 보어의 결합이 동작동사와 보어의 결합에 비해 출현빈도가 현저하게 낮은 것으로 조사되었다. 동사와 방향보어의 의미 작용은 동작의 방향이나 위치 관계를 나타낸다. 만약 동사와 방향보어 사이에 장소 목적어가 출현하면 행위자가 어떤 방향이나 위치로 이동한다는 정보를 알려준다.

동사와 보어의 결합은 무작위적으로 이루어지는 것이 아니라 내적인 측면 즉, 인식체계 속에서 용인될 수 있는 범위 내에서 구성되는 '선택적 결합'을 하는 것이 일반적이다. 동보구조의 선택적 결합은 시간의 추이에 따라 언어 사용자의 사용 빈도가 높아지면서 일부는 고정적 결합체로 전이되어 단어로 고착화되는 경우도 있다.

다음은 북경대학교 현대중국어 코퍼스에서 동보구조를 검색하여 조사한 후 동사와 보어 간의 의미 작용에 의한 결합력을 도표로 나타낸 것이다.

	完	多	倒	累	坏	哑	腻	深	浅	死	破	伤	醒	走	断	红	漂亮	清楚	干净
吃	+	+		+			+		+		△								+
穿	+	+			△						+						+		△
打	+	+	+	+	+	+		+		+	+	+	+	+	+	+			
吹	△	△	+	△	+					△	+		+	+	+	+			
饿			+		+					+	△	△	△	△	△				
赶	+									△									
看	+	+		+			+		△		+						+	+	△

	完	多	倒	累	坏	哑	腻	深	浅	死	破	伤	醒	走	断	红	漂亮	清楚	干净
哭	+	△	+	+	+	+				+	△	△	+		△	+			
喝	+	+				+													+
跑	+	+		+							+								
叫	+	+	△	+	△	△				+	+		+						
说	+	+		+			+	△	+	△	+						+	+	△
挖	+	+						+	△										
洗	+			+							+								+
写	+	+		+		△					△						△	+	
学	+	+		+													△		
找	+	+	△															△	
撞	△	△	+		+					+	+	+	△		+	+			

〈도표 3.3〉 동보구조의 의미적 결합[29]

　〈도표 3.3〉에서 보듯이, 보어 '完'과 '多'는 거의 모든 동작동사와 결합한다. 이러한 보어가 동작동사와 쉽게 결합하는 이유는 '완성', '달성'을 나타내는 [+시간성]의 의미자질과 '양의 많고 적음'을 나타내는 [+수량]의 의미자질이 동작동사와 공기할 수 있는 적합한 언어적 환경을 가지고 있기 때문이다. 그 외의 다양한 보어는 동작동사와 의미 작용을 하여 동작행위가 일어난 후의 이미지를 형상화시켜주고 있다. 〈도표 3.3〉과 같이 [+자주성]의 의미자질을 지니는 동작동사는 물리적 힘이 우세하기 때문에 다양한 보어와의 결합이 가능하다.

　물리적으로 '결합'하고 있는 것은 서로 간에 어떤 힘이 작용하고 있다는 것을 의미한다.[30] 물리적 결합관계에서 한 물체가 가지고 있는 힘의 크기가 클수록 다른 물체에 미치는 작용력이 커질 것이

---

29) 도표에서 '+'는 예시된 용례가 5개 이상이며, '△'표시는 예시된 용례가 5개 이하를 나타낸다.
30) 박영록(2013 : 104) 참조.

라는 추론이 가능하다. 가령 광학 망원경은 크기가 클수록 관찰할
수 있는 범위를 더 먼 우주로 확대시킬 수 있다. 이는 기능적인 도
구를 사용함으로써 정보의 외연을 확대할 수 있다는 것과 유비 관
계를 이룬다.

기능 언어적 측면에서 구조조사 '得'(de)는 복잡한 사고와 인지
체계에 적응하기 위해서 나타난 언어 현상이다.31) 동사가 '得'의
도움을 받게 되면 보어의 선택 폭이 넓어지므로 동보구조의 외연
적, 내포적 의미는 확대될 수 있다. 이러한 점은 '得'가 본래 가지
고 있는 의미적 속성에서 기인한다. '得'의 본래의미는 '획득하다'
라는 동사인데 오랜 세월 동안 문법화를 거치면서 의미가 탈색되
어 현대중국어에서는 구조조사로 사용되고 있다. 현대중국어에서
구조조사 '得'는 문법 기능을 하고 있지만 본래의미인 초기값을 여
전히 보존하고 있다. 이는 동사가 '得'와 공기하였을 때 외부로부
터 획득한 에너지양이 커지면서 동사와 결합되는 보어 역시 통사
적, 의미적 다양성을 구현한다는 점에서 확인할 수 있다.

(75) 学生们听得很认真。
    학생들은 열심히 들었다.
(76) 他看书看得眼睛都疼了。
    그는 책을 너무 많이 봐서 눈이 아팠다.
(77) 走路走得我脚板底子都疼。
    (오랫동안) 걸었더니 발바닥이 아팠다.

---

31) Clark & Clark(1977 : 523)은 개념이나 사고가 복잡하면 표현도 복잡하다는 복잡성
    원리(complexity principle)을 제안하였다.

(78) 我感激你感激得了不得。(张旺熹, 2006)
　　나는 당신에게 감격해 마지않습니다.

　동보구조에서 동사는 일음절이나 이음절의 보어를 취하는 경우
가 대부분이다. 그러나 (75-78)과 같이 동사가 '得'와 공기함으로써
'V得C' 개념적 구조의 통사적, 의미적 스펙트럼을 확대시킬 수 있
다. 위의 형식 외에도 'V得'는 '동목구조', '전치사구', '사자성어'
등의 다양한 형식의 보어를 수용하여 외연을 확대할 수 있다. 이에
따라 'V得C' 개념구조는 다음과 같은 생동감있는 표현이 가능하다.

(79) 她的脸红得像苹果似的。
　　그녀의 얼굴이 사과같이 빨개졌다.
(80) 她想孩子想得晚上睡不着觉。
　　그녀는 아이를 생각하느라 밤에 잠을 이룰 수 없었다.
(81) 我恨他恨得咬牙切齿。
　　나는 그가 미워서 이를 갈았다.
(82) 他爱她爱得不得了。
　　그는 그녀를 참을 수 없을 만큼 사랑한다.

　이제 사건 도식에 설정된 작용력을 살펴보기로 하자. 물체의 상
태변화는 힘의 상호관계에 따른 대립적인 양상으로 파악할 수 있
다. 예컨대 누군가 문을 밀면 문은 미는 힘의 작용을 받아서 열리
게 된다. 만약 누군가 잔잔한 호수에 돌을 던지면 돌이 가하는 힘
을 받은 호수의 물결은 파동에 가해진 힘의 크기에 따라 원을 그리
면서 멀리 퍼져나간다. 이와 같이 외부적인 힘 즉, 작용력은 사물

을 이동시키거나 상태변화를 초래시킬 수 있다.

사건 도식에 내재된 작용력은 출발공간과 목표공간을 연쇄시키
는 동력으로 목표공간에서 사건참여자로 하여금 위치 이동이나 상
태변화를 초래시킨다. 周红(2005 : 59-69)은 사동범주에 내재된 작용
력을 세밀히 관찰한 결과 작용력이 '방향성', '연속성', '다양성'의
세 가지 특징을 가지고 있다고 하였다. 이 책에서는 이에 더해서
작용력의 특징을 '방향성', '상호성', '연속성', '보전성'으로 나누어
서 살펴볼 것이다.

이 중에서 먼저 방향성을 살펴보기로 한다. 周红(2005)이 제시한
작용력의 방향성을 형식화하면 다음과 같이 나타낼 수 있다.

> (83) a. [X→Y] : 작용력의 대상 지향
>   b. [X←, Y] : 작용력의 행위자 지향

[X→Y]는 행위자(X)가 촉발한 힘을 대상(Y)에게 전달된 후 대상
(Y)의 상태변화가 초래되었음을 나타낸다. [X←, Y]는 X와 Y의 관
계에서 행위자가 발휘한 힘이 대상과 상호작용하여 대상이 최종적
으로 행위자에게 되돌아오는 상황을 나타낸다.[32)]

다음의 예문은 행위자가 촉발한 작용력의 방향성을 나타내고 있다.

> (84) 你们扫地扫干净。[X→Y]

---

32) 늘어났던 용수철이 원래의 자연 길이로 되돌아가면서 작용하는 힘을 물리학에서는
'복원력' 또는 '되돌이힘(restoring force)'이라고 부른다. 고재걸・정해두(2007 : 140)
참조.

너희들이 마당을 쓸어서 깨끗해졌다.

(85) 小明踢足球踢得满头大汗。[X←, Y]

샤오밍은 축구를 하더니 땀에 흠뻑 졌었다.

(86) 老师讲故事讲哭了。[X←, Y]

선생님은 이야기를 하시더니 눈물을 흘리셨다.

작용력의 방향성을 살펴보면, (84)에서 행위자가 촉발한 작용력은 대상을 향하지만 (85)와 (86)에서의 작용력의 방향은 행위자 자신이다.

두 번째로 제시된 상호성은 사건참여자 간의 인과적 상호관계를 의미한다. 사물은 힘의 상호적 인과관계에 의해서 상태변화를 초래하거나 위치 이동을 경험하게 된다. 다음의 예문을 보자.

(87) 公司派我去上海做特派记者。

회사는 나를 상하이로 파견하여 특파원으로 삼았다.

(88) 喝酒把他喝醉了。

술은 그를 취하게 했다.

(89) 他去香港旅游看看夜景。

그는 홍콩 여행을 가서 야경을 보았다.

(87)에서 힘의 대립자인 '我'의 위치 이동과 '我'에게 부여된 임무는 힘의 주체인 '公司'가 촉발한 작용력에 의해서 결정된다. (88)에서는 술을 마시는 행위는 '他'로 하여금 상태변화를 초래시키는 작용력으로 간주된다. (89)에서 힘의 주동자인 '他'가 촉발한 작용력에 의해서 출발공간인 '他去香港旅游'와 목표공간인 '导致他看看

夜景'이 연쇄되고 있다. 위의 예문에서 두 사건이 작용력에 의해 연쇄를 이루면서 인과적 상호관계가 이루어지고 있음을 알 수 있다.

세 번째로 제시된 연속성에 대해서 살펴보기로 하자. 작용력의 연속성은 하나의 사건이 다른 사건에 의해서 연쇄되고 다른 사건은 또 다른 후속 사건에 의해 연쇄되고 있음을 의미한다. 다음의 예문에서 연속성의 특징을 살펴보자.

> (90) 我逼他叫小李请小刘来学校。(周红, 2005)
>   나는 그를 압박하여 샤오리를 불러서 샤오리우로 하여금 학교에 나오도록 시켰다.
> (91) 张三派李四叫王五托赵六请陈七看了病。(周红, 2005)
>   장싼은 리쓰를 시켜 왕우로 불러서 자오리우에게 부탁하여 첸치로 하여금 진료를 하도록 했다.

(90)은 '我'가 촉발한 작용력이 '他'와 '小李'을 거쳐 최종적으로 '小刘'가 학교에 나오도록 부탁하는 사건을 연쇄시키고 있다. (91) 역시 여러 개의 사건으로 이루어져 있지만 행위자 '张三'이 촉발한 작용력이 목표공간에 전달되면서 통합된 사건으로 인식되고 있다.

마지막으로 보전성을 살펴보기로 하자. 대상의 상태변화를 작용력의 운동에너지로 이해할 수 있다면 보전성은 대상의 작용력이 잠재적 에너지 상태로 있는 것으로 이해할 수 있다.[33] 대상이 정지

---

33) 이를 물리학적 용어로 퍼텐셜 에너지(potential energy)라고 부른다. '퍼텐셜'이란 말은 '잠재적'이라는 뜻을 가지고 있다. 그러므로 '퍼텐셜 에너지'란 물체의 위치에 관계하며 운동 에너지로 변화할 수 있는 잠재적인 능력이라고 할 수 있다. 박영목 (2013 : 42-43) 참조.

상태에 있을 때 작용력은 보전성의 특징을 지니게 된다. 보전성과 관련된 사건 도식은 존재 도식과 비교 도식에서 다시 논의하기로 한다.

다음의 도표는 상기에서 논의된 작용력의 특징과 사건 도식의 관계를 나타낸 것이다.

작용력	개념화	사건 도식 유형
방향성	'X→Y'	이동 도식, 사동 도식, 연결 도식, 전달 도식
	'X←, Y'	사동 도식, 전달 도식
상호성	'X↔Y'	모든 사건 도식
연속성	'X→Y→'	모든 사건 도식
보전성	'X┄✗(Y)'	존재 도식, 비교 도식, 이동 도식

〈도표 3.4〉 작용력과 사건 도식의 관계

<도표 3.4>에서 볼 수 있듯이, 연결 도식의 작용력은 단일방향으로만 지향하지만 사동 도식과 전달 도식의 방향성은 행위자가 촉발된 작용력에 따라 달라질 수 있다. 존재 도식과 비교 도식에 내재된 작용력은 보전상태를 유지하고 있지만 존재대상이나 비교 대상 등은 힘의 상호작용에 의해서 역동적인 상태로 전이될 수 있다. 이동 도식의 일부 구문에서 작용력이 보전성을 가지는 이유는 행위자가 어떤 공간에서 지속적인 상태를 유지하는 경우가 존재하기 때문이다. 동보구조와 사건 도식에 내재된 작용력의 다양한 특징을 통해 작용력이 현대중국어의 어순과 언어적 체계를 이루는 중요한 기제임을 확인할 수 있다.

2.2. 인접성

인접성(proximity)은 언어 표현이나 낱말 간에 상호 영향관계에 따른 개념적 거리 관계를 가리킨다. 중국어에서 인접관계는 주술구조, 동보구조와 같이 상호 의존 관계(mutually dependent relation)를 이루기도 하지만 수식관계, 한정관계와 같은 일방적 의존 관계(one-way dependent relation)를 이루기도 한다.34) 웅거러와 슈미트(Ungerer & Schmid, 1996)에 따르면, 환유란 한 낱말의 자구적 의미를 지시하는 것과 그 낱말의 비유적 의미 사이의 인접관계를 포함하는 것이라고 주장하였다. 하이만(Haiman, 1983)은 언어 표현들 간의 거리는 그들 간의 개념적 거리와 상응한다고 설명하고 있다. 기봉(Givón, 1990)은 이 같은 거리적 관계를 기능적, 개념적, 인지적으로 가까우면 형태나 구조적으로도 가까이 위치한다는 '인접성 원리'로 설명하고 있다.

마사코와 팔그레이브(Masako & Palgrave, 2005)에 따르면, 유럽 언어는 중간에 여백을 두고 낱말을 따로따로 적는데 그 이유는 낱말은 실체로 개념화되기 때문이라고 하였다. 또한 일본어의 카나 자음표는 실제로 개념화되는 모라 단위와 일치한다고 하였다. 이러한 접근 방식은 중국어의 특성을 고찰할 수 있는 단서를 제공해 주고 있다. 중국어 문장은 문장성분 사이에 여백을 주지 않고 하나의 덩어리(chunking) 형태로 구성되어 있지만 중국인은 그것을 이해하는 데 전혀 불편함을 느끼지 않는다. 이러한 점에서 현대중국어 어순에서 낱말 간의 개념적 거리를 이해하는 것은 매우 중요하다.

---

34) 김두식(2004 : 109-124) 참조.

다음에서는 '수사＋양사＋명사' 형식과 중심명사를 수식하는 관형어의 순차적 배열에 설정된 거리적 관계를 논할 것이다. 먼저 '수량명' 형식을 살펴보기로 한다. 그린버그(Greenberg, 1966)는 분류사(C), 양사(Q), 명사(N)로 만들 수 있는 조합은 여섯 가지가 가능하지만 (92e)와 (92f)를 제외한 네 가지 조합만이 실현 가능하다고 하였다.

> (92) a. (Q+C)+N
> b. (C+Q)+N
> c. N+(Q+C)
> d. N+(C+Q)
> e. *Q+N+C
> f. *C+N+Q

그린버그(Greenberg, 1966)는 e와 f의 조합이 불가능한 것은 분류사와 양사의 거리가 멀리 떨어져서 위치하고 있기 때문이라고 설명하였다. 현대중국어의 경우 특별한 경우를 제외하면 다음과 같은 '수량명' 형식이 사용되고 있다.

> (93) C + Q + N[35)]
> (94) a. 一个人, a man, 한 사람
> b. 一杯咖啡, a cup of coffee, 커피 한 잔

---

35) '这人', '那人'과 같이 양사가 생략된 경우와 '他是个学生' 또는 '我是这个, 她是那个'와 같이 명사가 생략되는 경우가 있기도 하지만 '수사＋양사＋명사' 형식으로 구성하는 것이 일반적이다.

분석형 언어에 속하는 중국어의 경우 어순이 문법기능을 한다는 특징은 '수량명' 형식에서도 동일하게 적용되고 있음을 알 수 있다. 그런데 왜 '수량명' 형식으로만 표현되는 것일까? 이에 대한 해답을 찾기 위해 서로 인접하게 위치한 양사와 명사의 관계를 살펴보기로 한다. 수식구조에서 거리적 관계를 유추할 때 중심성분이 중요하다. 동보구조에서 동사의 '힘'의 속성이 보어를 수용하는 판단기준이 되는 것처럼, '수량명' 형식에서는 명사의 의미적 속성이 양사를 수용할 수 있는지를 판단하는 기준이 되기 때문이다. 현대 중국어의 양사는 대체적으로 명사에서 문법화되어 사물의 단위를 나타내는 문법적 기능을 하고 있다. 이 같은 통사적, 의미적 관계를 통해 명사와 양사 간의 긴밀한 영향관계가 내재되어 있음을 유추할 수 있다.

양사와 명사의 의미적 상호관계는 양사의 환유적 속성으로도 예측 가능하다. 예를 들면, 양사 '家'는 가족 유사성을 지닌 집합명사 '工厂', '公司', '集团' 등의 집단을 나타내는 양사로 쓰인다. 양사의 환유적 속성은 다음의 예시에서도 확인할 수 있다.

(95)	양사	환유	용례
	枝	가늘고 긴 것	一枝粉笔, 一枝枪
	张	펼쳐지고 평평한 것	一张床, 一张纸
	颗	작고 둥그런 것	一颗珍珠, 一颗丸药
	把	손잡이가 있는 것	一把刀, 一把伞

양사의 환유적 속성은 김영민(1997)의 논문에서도 지적한바 있다.

김영민은 양사가 명사의 부류를 표시하는 기능은 양사의 의미자질
과 명사의 의미자질이 같다는 것을 전제로 한다고 설명하였다. 다
음은 김영민(1997)에서 제시한 용례이다.

　　(96) a. 一位老师　　선생님 한 분
　　　　 b. 两位学者　　학자 두 분
　　　　 c. 几位客人　　손님 몇 분
　　　　 d. *两位孩子

　양사 '位'는 인간성 양사 가운데서도 [+높임]의 의미자질을 가
지고 있다. 따라서 존대의 의미가 있는 '老师', '学者', '客人'과 같
은 명사와 결합이 가능하다. 하지만 '孩子'와 같이 존대의 의미가
없는 명사의 경우는 양사 '位'보다는 범용적인 개체양사인 '个'와
결합하는 것이 더 적절하다.

　이제 여러 개의 관형어가 중심명사를 수식하는 경우 관형어의
순차적 배열과 중심명사 간의 거리적 관계를 살펴보기로 한다. 다
음은 중심명사 'pizza'를 수식하는 여러 개의 관형어로 구성된 명사
구인데 (97a)와 (98a)를 제외하면 모두 비문법적이다. 다음은 Radden
(1991)에서 가져온 예문이다.

　　(97) a. the famous delicious Italian pepperoni pizza
　　　　 b. *the Italian delicious famous pepperoni pizza
　　　　 c. *the famous pepperoni delicious Italian pizza
　　　　 d. *the pepperoni delicious famous Italian pizza
　　　　　　 그 유명하고 맛있는 이탈리안 페파로니 피자

(98) a. 这 有名的 好吃的 意大利 葫芦 比萨
     b. *这 意大利 好吃的 有名的 葫芦 比萨
     c. *这 有名的 葫芦 好吃的 意大利 比萨
     d. *这 葫芦 好吃的 有名的 意大利 比萨
       이 유명하고 맛있는 이탈리안 페파로니 피자

위에서 보듯이 '그 유명하고 맛있는 이탈리안 페파로니 피자'의 순서를 따른 (97a)와 (98a)만이 적격하다. 이에 대해서 관형어와 중심명사 간의 개념적 거리를 설명하는 인접성의 원리를 근거로 살펴보겠다. 페파로니는 피자의 본유적 속성으로 다른 재료로 만든 피자와 구별되는 폐쇄적이고 독립적인 의미항으로 간주된다. 페파로니는 다른 종류의 피자와 구별되는 일차적 항목이라는 점에서 페파로니와 피자 간에는 긴밀한 영향관계가 이루어지고 있다. 피자의 기원을 나타내는 이탈리아는 영속적인 속성을 나타내므로 두 성분 역시 긴밀한 영향관계를 이루고 있다. 하지만 이탈리아에서 만들어지는 피자의 종류는 다양하기 때문에 페파로니만큼 긴밀한 거리적 관계를 이루지 못한다. 주관적 평가인 유명함과 맛있음은 사람에 따라 다르게 판단할 수 있기 때문에 피자와의 영향관계는 느슨하게 정립된다.

아래는 인접성 원리에 근거하여 여러 개의 관형어가 중심명사를 수식하는 경우 이들 간의 개념적 거리를 t 좌표에 나타낸 것이다.

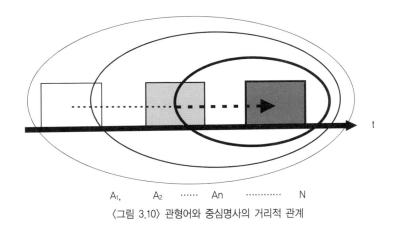

〈그림 3.10〉 관형어와 중심명사의 거리적 관계

<그림 3.10>에서 시간의 축 t 위에 그려진 타원형은 N(noun)과 A(adjective)간의 영향관계를 나타내며, A가 N의 거리와 가까울수록 N과는 긴밀한 영향관계가 있음을 나타낸다. 따라서 N을 직접적으로 묘사할수록 A는 진하게 표시된 타원형 범위 안으로 들어갈 수 있다. (97)과 (98)을 살펴보면 표층적으로는 중심명사가 여러 개의 관형어의 수식을 받을 때 관형어는 병렬구조를 이루고 있는 것처럼 보인다. 그러나 <그림 3.10>에서 볼 수 있듯이 중심명사와 관형어 간에는 상호 영향관계에 따라 개념적 거리를 이루고 있음을 알 수 있다. 관형어가 중심명사에 대해 객관적이거나 본유적인 특성을 묘사할수록 그들 사이의 개념적 거리는 가까우며 주관적인 특징을 묘사할수록 멀어지고 있다.

3. 소결

지금까지 시각화 공간과 관계 공간을 중심으로 현대중국어 어순의 공간적 특징을 살펴보았다. 시각화 공간은 신체적 경험에서 동기 부여된 앞과 뒤의 구체적 공간에서 추상화된 공간이다. 우리의 경험 세계에서 '뒤'는 이미 걸어온 흔적이므로 의식 속에서 구체적으로 구조화할 수 있다. '앞'은 걸어가야 할 행로이며 '뒤'와 상의적 관계 속에서 유기적이고 복잡하게 구조화된다. 신체적 경험에서 '뒤'보다는 '앞'에 시각적 현저성을 두는 것처럼 목표공간인 '전경', '신정보', '평언', '초점', '비한정성'에 현저성이 부여된다. 시각화 공간의 여러 유형 중에서 초점은 다양한 위치에 올 수 있는데 이는 관찰자가 다양한 각도에서 사물을 관찰하는 방식과 공통점을 지닌다. 그러나 문미초점이 관습화된 초점 부여 방식이고 에너지를 최소화할 수 있다는 점에서 초점 역시 공간적 제약을 받고 있음을 확인할 수 있다. 이 책에서는 시각화 공간을 다섯 가지 유형으로 나누어서 독립적으로 분석하고 있지만 실제적으로는 문장이나 담화에서는 상호 유기적인 메커니즘으로 작용하고 있을 것으로 보고 있다. 관계 공간에서는 작용력과 인접성이 현대중국어 어순에 어떻게 설정되어 있는지 살펴보았다. 관계 공간은 시각화 공간보다 추상적인 공간이다. 관계 공간의 하위 유형인 작용력은 언어의 내적 성분으로서 공간을 연쇄시키면서 사건참여자들의 상태변화를 초래시키는 역할을 수행하고 있다. 또 다른 하위 유형인 인접성은 문장성분 간의 영향관계에 따라 공간 간의 개념적 거리를 설정해주는 역할을 수행하고 있다. 이러한 점에서 작용력과 인접성은 복잡하고 고차원적인 질서 관계를 설명해주는 어순의 결정적인 주요 기제로 인식할 수 있다.

제4장

개념적 시간 모형

1. 시간순서 모형(temporal sequence model)

1.1. 이동 도식(motion schema)

공간은 대상이 존재하는 근원영역이며 활동을 하면서 끊임없이 변화를 추구하는 장소이다. 우리는 공간에 의존해서 이동을 하거나 활동을 하면서 다른 대상과 관계를 맺고 있다. 19세기에 들어서 원격 통신망을 사용한 정보의 즉각적인 송·수신은 시간의 구속을 받지 않는 것처럼 보인다. 그러나 정보의 이동이 빛의 속도로 이루어진다고 표현하듯이 공간의 이동과 시간은 필연적인 공기 관계를 맺는다.36)

컴퓨터의 가상공간이 정보를 활성화시키는 근간이 되는 것처럼 공간을 나타내는 개사 '在'는 사건의 장면을 제공하는 장

---

36) 속도는 반드시 시간성을 수반한다.

소의 기능을 하고 있다. 개사 '在'가 사건의 발생 장소, 도달 장소, 상태가 유지되는 장소의 기능을 하고 있기 때문이다. 이에 '在'자 문을 행위자가 공간을 전제로 활동하는 사건 도식으로 간주하여 '이동 도식'이라고 부르기로 한다. 개념적 은유에서 'TIME PASSING IS MOTION(시간의 흐름은 움직임이다)'이라는 은유적 표현은 시간의 흐름에 따라 행위자가 공간에서 이동을 하거나 활동하는 행위가 전개된다는 사실을 설명해주고 있다.

이동 도식은 '在+장소'와 동사의 위치에 따라 다음과 같은 두 유형으로 나눌 수 있다.

이동 도식	형 식	사건구조의 시간성
유형 a	'S+在장소+V'	출발공간 : S가 장소에 존재 목표공간 : S가 장소에서 활동
유형 b	'S+V在장소'	출발공간 : S가 장소로 이동 목표공간 : S가 장소에 도달

〈도표 4.1〉 이동 도식 유형

이동 도식 유형 a와 b에서 '在장소'는 각각 사건의 발생 장소와 도달 장소를 나타낸다. a와 b는 통사적으로 대칭적인 구조를 이루고 있지만 의미적으로는 비대칭적인 해석이 요구된다. 이 같은 사실은 다양한 '在'자문 중에서 어순에 대한 논의가 왜 '在장소+V' 구문과 'V+在장소'구문에 집중되고 있는지를 잘 보여주고 있다.

1.1.1. '在장소+V'구문

'在+장소'구에서 동사는 앞과 뒤에 모두 위치할 수 있다. 이 경우 '在장소+V'구문은 행위자의 동작이 발생한 장소 또는 동작의 상태가 유지되는 장소를 나타낸다. 'V+在장소'구문의 경우는 행위자가 동작행위를 통해 도달한 장소 또는 동작의 상태가 유지되는 장소를 나타낸다.

王还(1988)에 따르면, 'V+在장소'구문에서 동사와 '在+장소'구는 긴밀한 결합을 이루기 때문에 그 사이에 어떠한 성분도 삽입할 수 없다고 하였다. 따라서 '他写字在黑板上'은 비문법적인 문장이 된다. 范继淹(1982)은 동사와 '在+장소'구의 위치에 따라 세 가지 유형으로 분류한 후 각각의 의미와 원인을 분석한 결과 '在+장소'구의 위치는 주로 동사의 음절수에 의해 결정된다고 하였다. 인지언어학적 측면에서 戴浩一(1988)는 이동 도식은 시간순서의 원리를 따른다고 설명하고 있다.

다양한 견해 중에서 '在장소+V'구문이 시간순서와 관련되어 있다는 戴浩一(1988)의 관점을 살펴보기로 하자.

   (1) 他在厨房里做饭。
      그는 부엌에서 밥을 한다.

(1)을 이동 도식에 투사하면 '他'가 부엌에 있는 사실은 출발공간으로 '他'가 밥을 짓는 행위는 목표공간으로 구조화된다. 사건은 '행위자가 어떤 공간에 존재하고 있으며 그 공간에서 어떤 행위를 하고 있음'이라는 인지적 순서가 반영되므로 시간순서의 원리를 준수하고 있음을 확인할 수 있다.

다음은 예문 (1)을 그림으로 나타낸 것이다.

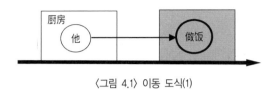

〈그림 4.1〉 이동 도식(1)

<그림 4.1>에서 출발공간인 '他在厨房里'와 목표공간인 '他做饭'은 작용력에 의해서 연쇄되고 있다. '他'가 부엌에서 밥을 짓는 사건은 시간에 따른 인과관계에 따라 전개되고 있다. 예문 (1)처럼 '공간→활동'의 인지적 순서 즉, 시간의 순서에 부합하는 경우 통사적, 의미적 제약에서 비교적 자유롭다. 그러나 다음과 같은 경우는 의미적 제약을 받는다.

(2) *他们在雪地里洒了些盐巴。

(2)는 그들이 눈밭 속에 소금(염화나트륨)을 뿌리는 사건으로 해석되는데, 이러한 행위가 현실 세계에서 이루어질 가능성은 거의 없다. 눈이 많이 내렸을 때 염화나트륨은 눈 위에 뿌리기 때문이다. 일반적으로 문장의 의미가 인지적으로 수용되기 어려운 경우 통사적 제약을 받게 된다.

동사가 [+이탈]의 의미자질을 가지는 경우 '在장소+V'구문에서 자유롭게 쓰인다.

(3) a. 在水里捞了浮萍。
        물에서 부평초를 건졌다.
    b.*浮萍捞在水里。

대상이 이탈된 사건은 장소를 전제로 발생하기 때문에 이에 부합하는 (3a)는 자연스러운 문장이다. (3b)가 부적격한 이유는 [＋이탈]의 의미자질을 가지는 ‘捞’가 도달장소인 ‘在＋장소’와 의미 작용에 의한 ‘결합력(binding force)’으로 결속되어 있기 때문이다. 부평초를 건지는 행위는 ‘水里’를 출발공간으로 삼아야 하는데 이를 위반한 (3b)의 어순은 인지적으로 수용되기 어렵다.

상태지속동사 ‘住’가 ‘在＋장소’ 뒤에 위치할 때 사건의 순서는 시간순서의 원리에 부합하는 것으로 나타난다.

(4) 我在北京住。
    나는 베이징에 산다.

허성도(2005)는 ‘住’, ‘出生’, ‘长大’류의 동사가 ‘在장소＋V’ 형식을 취할 경우 누구나 예측 가능한 일을 나타내며 항상적인 일을 표현한다고 하였다. 이에 따르면 (4)의 행위자 ‘我’는 베이징 토박이거나 베이징을 삶의 터전으로 삼고 있는 사람으로 해석된다. 이와 관련해서 다음의 대화를 살펴보기로 하자.

(5) 指导老师：你在哪儿住？
    지도교수 : 어디에 살지?

学生：我在国定路住。

학생 : '国定路'에 살아요.

指导老师：不是这样说的, 应该这样说"我住在国定路"。

지도교수 : 그렇게 말해서는 안 되고, "我住在国定路"라고 말해
야 하지.

(5)는 일정 기간 동안 중국에서 유학생활을 하고 있는 학생과 중국의 대학교 지도교수와의 대화를 표현한 것이다. 중국인 지도교수는 외국인 학생이 임시적으로 '上海'에 거주하고 있다는 사실을 알면서도 '你住在哪儿?'이라고 묻지 않고 '你在哪儿住?'라고 묻는다. 질문을 하는 상황에서는 청자에 대한 정보를 모르기 때문에 두 가지 방식 모두 허용된다. 그러나 이에 대한 대답은 응답자가 처한 상황적 맥락과 부합하는 화용적 선택(pragmatic selection)이 요구되므로 한 가지 유형만이 가능하다. 중국에 임시로 거주하는 학생이 '我在国定路住'라고 대답한다면 대화의 격률 중에서 협동의 원리에 위배하게 된다. 이 대답에서 '国定路'는 유학생의 일상적인 삶의 터전으로 해석되기 때문이다. 학생의 사정을 알고 있는 지도교수는 이어지는 대화에서 '我住在国定路'라고 대답하는 것이 적절하다고 지적해 주고 있다.

다음의 예문에서 '베이징'은 행위자의 출장 장소이다.

(6) *他在北京出差的时候, 在公司吃, 在公司住。

(=*他在北京出差的时候, 在(北京)公司吃, 在(北京)公司住。)

행위자 '他'의 '北京' 출장은 임시적으로 수행한 사건이므로 머물고 먹는 행위 역시 임시의 장소에서 이루어진다. (6)이 부적격한 이유는 전체 사건에서 '北京'은 임시적인 장소인데도 불구하고, 후속구에서 '北京'을 항상적인 장소로 표현하고 있기 때문이다.

1.1.2. 'V+在장소'구문

이동 도식의 또 다른 유형인 'V+在장소'구문은 '장소를 전제로 행위가 일어남'이라는 인지적 순서와는 상반되는 구조로 이루어져 있다. 다음에서 이동 도식의 두 유형을 살펴보기로 하자.

(7) a. 獅子在马背上跳。
    사자가 말 위에서 뛰고 있다.
   b. 獅子跳在马背上。
    사자가 말 위로 뛰어 올랐다.
(8) a. 雨下在地上。
    비가 땅으로 내렸다.
   b.*雨在地上下。

'공간→활동/상태'의 인지적 순서와 상반되는 이동 도식 유형 b의 '활동/상태→공간'의 어순은 일정정도 엄격한 제한이 요구된다. (7b)처럼 동사 뒤에 시태조사가 올 수 없으며 직접적으로 목적어를 취할 수 없다. 이러한 현상은 'V+在장소'구문에 내재된 어순과 관련된 시간성을 해석하기 위하여 좀 더 복잡한 인지적 사고가 요구될 것임을 말해주고 있다. 이에 관해서는 다음의 예문에서 살펴보기로 한다.

(9) 他掉在水里。

  그는 물속으로 떨어졌다.

  (그는 떨어져서 (지금) 물속에 존재하고 있다.)

 (9)의 사건이 성립되기 위해서는 '他'는 물속으로 떨어지기 전에 '水边'에 있어야 한다.

 다음의 그림은 예문 (9)의 사건을 (9')로 재구성하여 나타낸 것이다.

(9') 他到水边掉在水里。

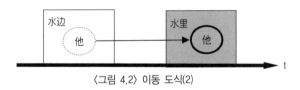

〈그림 4.2〉 이동 도식(2)

 <그림 4.2>에서 출발공간 '水边'에 있던 '他'는 목표공간인 '水里'로 공간 이동을 경험을 하고 있다. 만약 (9')와 같이 '他'가 '水边'에 있었던 사건을 전제하지 않는다면 물속으로 떨어진 사건은 발생할 수 없을 것이다. 그러나 우리는 반복된 경험을 통해서 사건을 재구할 수 있는 인지능력을 가지고 있으므로 전제가 공백화된 (9)의 사건을 온전하게 해석할 수 있다.

 'V+在장소'구문은 상대적으로 좀 더 인지적 제약을 받기 때문에 (10b)의 경우 자연스럽지 못하다.

(10) a. 他在厨房里哭。

　　b. *他哭在厨房里。

　　　그는 부엌에서 울고 있다.

　부엌은 행위자가 요리를 만들거나 자신의 심리상태를 표출할 수 있는 사적 공간이다. 따라서 (10a)처럼 '他'가 '厨房'에서 울고 있는 상황은 인지적으로 수용 가능하다. 이와 달리 (10b)는 부적격한 문장으로 간주되고 있다. 이는 '哭'와 '在+장소'가 의미 작용에 의해 결속될 수 없기 때문이다. 행위자가 어떤 장소에 도달하기 위해서는 그가 실현한 동작이 [+위치성]의 의미자질을 가져야 한다. 그러나 '哭'는 울고 있는 동작을 나타낼 뿐 위치에 대한 정보를 나타내지 못하므로 (10b)는 부적격한 문장으로 간주된다. 다음의 예문에서는 이러한 사실을 분명하게 확인할 수 있다.

(11) a. 在院子里玩。

　　b. *玩在院子里。

　　　마당에서 논다.

(12) a. 在讲台上说。

　　b. *说在讲台上。

　　　단상에서 말한다.

(13) a. 在书房里读书。

　　b. *把书读在书房里。

　　　서재에서 책을 읽는다.

　(11-13)에서 지속상태를 나타내는 동작동사 '玩', '说', '读'는 모

두 [-위치성]의 의미자질을 가지므로 'V+在장소'구문에 들어갈 수
없다. 신경선(2006)은 'V+在장소'구문에 대한 분석에서 동사의 의
미제약을 '공간과의 영향관계'로 설명하고 있다. 신경선(2006)에 의
하면 '哭, 笑, 闹, 吵, 骂, 读, 洗, 到' 등의 동사는 'V+在장소' 형식
을 취할 수 없다고 한다. '到'의 경우는 [+도달]의 의미자질을 가
지므로 '근접반복제약(proximate repetition)'37)에 따라 'V+在장소'구문
으로 들어갈 수 없다.

사건이 시간순서의 원리를 준수하더라도 문장의 적격성 여부는
다르게 나타나는 경우가 있다.

> (14) a. ?我扔了几个苹果在他脸上。
>   b. 我扔了几个苹果在地上。
>   나는 사과 몇 개를 땅에 던졌다.
>   (내가 사과 몇 개를 던질 결과 사과는 땅에 있다.)
>   c. 我把几个苹果扔在他脸上。
>   나는 사과 몇 개를 그의 얼굴에 던졌다.
>   (내가 사과 몇 개를 던질 결과 그의 얼굴을 맞혔다.)

宋文辉(2007)는 예문 (14)가 통시적으로 동사, 목적어, 보어의 순
서가 '동사+목적어+보어'에서 '동사+보어+목적어'의 방향으로
발전한 것과 상관성이 있다고 하였다. 그에 따르면, 인지언어학적
측면에서 '扔'과 '地上'이 개념적으로 인접하기 때문에 (14b)는 적
격한 문장이라고 하였다. 그러나 이에 대한 구체적인 이유는 설명

---

37) 근접반복제약은 "동일 요소가 근접해서 나타나면 통합/흡수되어 중복을 방지한다"
    는 의미이다. 김두식(2004 : 318) 참조.

하지 않았다. 또한 a는 왜 인지적으로 수용될 수 없는지, c는 왜 인지적으로 수용되는지에 대해서도 설명하지 않고 있다.

위의 예문은 사건이 시간순서에 따라 전개되고 있는데도 불구하고 중국인은 (14b)와 (14c)에 대해서만 자연스러운 문장으로 이해하고 있다. 이러한 경우 시간순서의 원리만을 가지고 분석하기에는 한계가 있다. 이에 문장성분 사이의 거리적 관계를 설명하는 인접성의 원리를 토대로 문장성분의 순차적 배열을 살펴보기로 한다.

먼저 구조적으로 유사한 (14a)와 (14b)를 살펴보기로 하자. 두 예문은 장소가 다르다는 점을 제외하고 동일한 조건으로 이루어져 있다. 이러한 점에서 물체의 낙하지점인 장소가 문장의 적격성 여부에 영향을 미치고 있음을 추론할 수 있다. 누군가 지상에서 물체를 던졌을 때 중력에 의해 그 물체가 지면으로 낙하하는 것은 자연스러운 현상이다. 이 같은 물리적 현상이 언어적 측면에 반영될 때 (14b)처럼 '苹果'의 낙하지점이 '地上'인 것은 자연스럽다.

'我'가 '苹果'를 던졌을 때 '他脸上'이 낙하지점이 되었다면 좀 더 복잡한 관계가 설정되어야 한다. 즉, 행위자가 고의적으로 '他脸上'로 던졌다는 상황적 맥락이 전제되거나, 실수로 던졌다는 의미가 함축되어야 한다. 또는 '苹果'의 방향이 '他脸上'으로 바뀔 만큼 어떤 환경적 요소가 개입되었다면 '苹果'의 낙하지점이 '他脸上'이 될 수도 있을 것이다. 이러한 화용적 상황이 전제되지 않은 상황에서 (14a)는 어색한 문장으로 간주된다.

(14c)가 적격한 이유는 문장 내부에 문법기능을 하는 '把'를 부가함으로써 해결할 수 있다. '把'자문을 사용한 (14c)는 행위자 '我'가

'苹果'를 의도적으로 '他脸上'에 던졌다는 사실을 함의하고 있기 때문이다. 행위자가 고의로 '苹果'을 '他脸上'으로 던졌다면 '苹果'의 도달장소는 '他脸上'일 가능성이 매우 높다. 물론 최종 낙하장소는 지면이겠지만 순간적이더라도 '苹果'가 '他脸上'에 부착되었을 것이기 때문이다. 이러한 사실에서 문장성분 간의 거리적 관계는 우리의 경험적 동기성과 관련되어 있음을 확인할 수 있다.

이제 '在北京住'와 통사적으로 대칭을 이루고 있는 '住在北京'의 어순에 설정된 시간성을 살펴보기로 하자.

> (15) a. 他在北京住。
> b. 他住在北京。
> 나는 베이징에 산다.

허성도(2005)는 '住', '出生', '长大'류의 동사가 '在장소＋V'의 형식을 취할 경우 '항상성'의 특징을 가지고 있으며, 'V＋在장소' 형식을 취할 경우 '임시성'의 특징을 가진다고 하였다. 허성도의 주장에 따르면, (15b)의 '我'는 '北京'에서 임시적으로 거주하고 있으므로 일정 시간이 지나면 다른 장소로 이동할 가능성을 예측할 수 있다고 한다. 따라서 '他住在北京'의 사건 순서를 재구성해 보면 다음과 같은 그림으로 나타낼 수 있다.

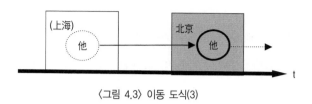

〈그림 4.3〉 이동 도식(3)

<그림 4.3>에서 '他'는 출발공간인 '上海'에서 목표공간인 '北京'으로 이동하여 현재 '北京'에 거주하고 있음을 나타낸다. 목표공간에서 오른쪽을 향하는 점선의 화살표는 '他'가 또 다른 장소로 이동하거나 다시 '上海'로 돌아갈 가능성을 나타낸다. '他'의 입장에서 '北京'은 임시로 거주하는 장소이며 출발공간에 표시된 '上海'는 '北京'으로 이동하기 전에 거주했던 장소이다. 시·공간적 측면에서 출발공간인 '他'가 上海'에 거주했던 사건과 목표공간인 '北京'에 거주하는 사건은 '(상하이)→베이징'의 이동 및 도달이라는 '빈약한 인과성'에 의해서 회복될 수 있다.

만약 화자가 '北京'을 강조하기 위해서 문미초점을 사용하여 '住在北京' 형식을 취했다면 '北京'을 임시적인 거주 장소로 보기는 어렵다. 그러나 '住在＋장소' 형식이 '임시성'의 의미적 특징을 가진다는 가정은 다음의 예문에서 확인할 수 있다.

(16) a. *他在北京出差的时候, 在公司吃, 在公司住。
    b. 他在北京出差的时候, 吃在公司, 住在公司。
       그는 베이징 출장 때 (베이징 주재) 회사에서 먹고 머문다.

(16a)가 적격한 문장으로 인식되지 못하는 이유는 형식과 그에 따른 의미적 해석이 상충되기 때문이다. 후속절에서 항상성으로 해석되는 '在公司吃, 在公司住'의 표현은 임시성으로 간주되는 선행절과 의미적 충돌이 발생하게 된다. (16b)의 사건은 '北京'에서 출장 임무를 수행하기 전 다른 장소로부터 이동한 사실이 전제되는데 이러한 사건의 시간적 순서는 빈약한 인과성에 의해서 회복된다. 이에 허성도(2005)가 주장하는 '항상성'과 '임시성'의 의미적 특징은 개념적 시·공간 측면에서 해석이 가능하다. 즉 이동 도식의 두 유형의 의미적 특성은 사건에 내재된 인과성과 관련이 있다는 것이다.

지금까지의 논의를 살펴보면 '在장소+V'구문은 인지적 순서에 부합하기 때문에 통사적, 의미적 제한을 거의 받지 않는다. 이와 달리, 복잡한 인지적 사고를 요구하는 'V+在장소'구문은 좀 더 엄격한 통사적, 의미적 제약을 받고 있다. 이 같은 사실은 어순이 인간의 사고체계가 정교하게 조율된 의사소통 체계라는 사실을 말해준다. 화자의 의식에서 사건의 발생장소가 인식의 범위를 초월하거나 행위자의 동작행위가 도달장소를 나타낼 수 없는 경우 복잡한 인지적 해석이 요구되는데 이는 '在장소+V'문과 'V+在장소'문의 선택적 발화와 관련된다.

1.2. 사동 도식(causative schema)

전통의 언어학에서 사동에 대한 연구는 주로 사동동사와 사동구조의 특징에 대한 분석에 집중되었다. 최근 들어 인지언어학이 발전하면서 사동구조를 사건개념으로 비유한 새로운 분석 방법이 시도되고 있다. 인지언어학자인 제캔도프(Jackendoff, 1983)는 사동개념을 두 개의 사건이 연속된 동사의 기능으로 보았으며, 크로프트(Croft, 1991)와 래내커(Langacker, 1991)는 사동사건과 구조를 전형적인 사건의 상태와 인지과정으로 설명하고 있다. 킹(King, 1988)은 사동개념을 사건구조로 파악하여 사건의 공간모형을 제시하였다. 그에 따르면, 사동구조는 두 사건의 상호관계를 표현한 것으로 사건은 전형적인 공간(typological space)으로 은유할 수 있다고 하였다. 예를 들어, '유리잔이 깨졌다'는 두 개의 사건구조로 이루어져 있다. '힘이 유리잔에 접촉'한 원인사건과 '힘의 작용으로 유리잔의 상태가 변화'된 결과사건으로 이루어졌으며 두 사건은 게슈탈트 원리에 의해서 통합된 사건으로 인식되고 있다. 이처럼 문장이 사동의미를 나타낼 때 '사동 도식'이라고 부르기로 한다. 사동사건의 참여자는 사동자와 피사동자로 부를 것이다. 사동 도식에 내재된 작용력은 피사동자로 하여금 내적, 외적 상태변화를 초래시키는 동력이다.

사동 도식을 '움직이는 화살'로 은유하여 사동사건의 필수요소인 사동자, 피사동자, 작용력의 관계를 살펴보기로 한다. 사동자가 지향하는 힘을 받은 화살은 목표지점인 과녁에 도달할 때까지 전진이동을 하게 된다. 만약 화살이 힘의 대립자인 바람과 같은 물리적 영향력을 극복하지 못한다면 과녁에 도달하기 전에 중력에 의해 지면으로 낙하하게 된다. 화살이 흡수한 힘이 저항력보다 크다면 물리적 장애를 극복하고 무사히 과녁에 도달할 수 있을 것이다. 여기서 예측 가능한 사실은 어떠한 상황을 만나더라도 사동자가 밀어낸 화살은 위치 이동과 상태변화를 경험한다는 것이다. '움직이는 화살'의 은유에서 사동자는 화살의 방향을 결정하는 작용력의 원천이며 화살은 사동자가 촉발한 힘을 흡수한 피사동자에 해당한다.

다음은 '움직이는 화살' 은유와 사동 도식을 토대로 사건의 개념화되는 과정을 나타낸 것이다.

'움직이는 화살' 은유	사건의 개념화	사동 도식
사동자의 화살의 접촉	사동자와 피사동자 접촉	출발공간
사동자의 작용력 촉발	사동자의 작용력 발휘	
화살에 작용력 전달	작용력에 의한 연쇄	⇩
화살의 저항력 극복		
과녁에 도달	피사동자의 위치 변화	목표공간

〈도표 4.2〉 사동사건의 개념화 양상

〈도표 4.2〉에서 출발공간과 목표공간 사이에 있는 화살표는 작용력을 나타낸다. 작용력은 두 개의 사건을 연쇄하며 화살의 상태를 변화시키는 동력이다.

'움직이는 화살' 은유를 근거로 사동사건의 개념도를 나타내면 다음과 같다.

(17) a. 사건1과 사건2로 구성된다.
　　 b. 사건2는 사건1에 의하여 영향을 받는다.
　　 c. 사건2는 상태변화를 경험한다.
　　 d. 사건1과 사건2는 인과관계로 연쇄된다.

사동사건의 개념도에서 사동 도식은 선행사건(출발공간)과 후행사
건(목표공간)이 연쇄되어 하나의 통합된 구조로 이루어져 있으며 후
행사건은 선행사건을 전제로 발생한다. 따라서 두 사건의 순차적
배열은 엄격하게 준수되어야 한다.

위의 논의를 토대로 사동사건을 도식화하면 다음과 같이 나타낼
수 있다.

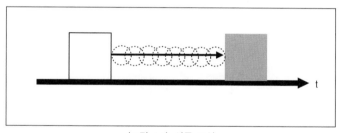

〈그림 4.4〉 사동 도식

<그림 4.4>에서 사건 도식을 나타내는 외곽의 윤곽선 안에 출
발공간과 목표공간은 선행사건과 후행사건을 나타낸다. 두 사건 사
이의 화살표는 사건의 상태변화를 초래시키는 작용력을 나타낸다.
점선의 작은 원으로 표시된 공백화된 연쇄 과정은 지각체계에서
충분히 재구성할 수 있기 때문에 생략을 하더라도 의사소통에 지
장을 초래하지 않는다. 담화자간의 상호 전제, 지식, 경험, 문화적
공유, 함축적 기제 등의 '공통 배경'을 가지고 있다면 공백화된 연
쇄 과정은 메워질 수 있기 때문이다.

사동자는 피사동자에게 영향을 미치는 힘의 원천이므로 일반적

으로 문두에 출현한다.

> (18) 小王控制自己不要哭出来。
>
> 샤오왕은 울지 않으려고 자신을 조절했다.
>
> (19) 她的尖叫声吓跑了小猫。
>
> 그녀의 날카로운 소리에 새끼고양이가 놀라서 달아났다.
>
> (20) 他的顽固使他的家人都为他担忧。
>
> 그의 고집은 그의 가족으로 하여금 그를 걱정하게 만들었다.
>
> (21) 木椅坐得他腰酸腿疼。
>
> 나무 의자에 (오래) 앉았더니 그는 허리도 쑤시고 다리도 아
> 팠다.

사동자의 의도적 행위에 의해 피사동자는 '억제', '놀람', '걱정', '고통' 등의 정서적 변화가 유발되고 있다. (18)에서 사동자 '小王' 은 심리적 억제력을 발휘하여 자신의 감정을 조절하고 있다. 여기 서 피사동자 '自己'는 '小王'을 가리킨다. (19-20)에서는 언어 행위 와 심리적 요인이 사동자에 해당한다. 사동자가 촉발한 언어 행위 나 심리적 요인은 피사동자에게 영향을 미쳐 피사동자의 상태변화 를 초래시킬 수 있다. (21)에서 '木椅'는 피사동자 '他'가 사용하는 도구로서 피사동자의 정서에 영향을 미치는 사동자에 해당된다.

사동자 범주에는 의도적인 행위를 하지 못하는 자연력도 포함된다.

> (22) 气候变熟了苹果。
>
> 기후는 사과를 익게 하였다.
>
> (사과는 기후의 영향으로 잘 익었다.)
>
> (23) 大风把树都吹倒了。

거센 바람이 나무를 모두 넘어뜨렸다

(24) 电闪击倒了那棵树。

번개는 그 나무를 넘어뜨렸다.

(22-24)의 사동자는 자연의 운행에 따라 형성된 자연력이다. 자연력은 (22)와 같이 대상을 점차적으로 변화시키기도 하지만, (23)과 (24)처럼 대상의 상태를 급속히 변화시키기도 한다. 周红(2005 : 156)에 따르면, 자연력은 '자발적인 동작을 할 수 있는 무생물'의 사동자이며 '자연력으로 인한 피사동자의 상태변화'는 사동범주에 속한다고 하였다. 박영목(2013)은 우주에서 일어나는 모든 변화는 중력, 전자기력, 약력, 강력의 네 가지 힘에 지배를 받는다고 하였다. 이러한 힘의 속성이 상호 반응하여 자연현상은 끊임없는 변화가 발생한다는 것이다.

상기에서 살펴본 사동자의 의미자질은 다음의 도표와 같이 나타낼 수 있다.

사동자	[±의도성]	[+유정성]	인간, 동물
	[±의도성]	[−유정성]	언어행위, 심리적 요인, 사회적 요인, 사건
			사건, 행위
			도구
			자연현상
	[±의도성]	[−유정성]	질병, 바이러스

〈도표 4.3〉 사동자의 의미자질

〈도표 4.3〉에서 '인간'은 의도적인 행위를 할 수 있으며 사동자

로서 사건을 작위(作爲)할 수 있으므로 사동자 위계에서 가장 상위를 차지한다. 상위 사동자의 의미자질을 [±의도성]으로 보는 것은 사람이나 동물의 무의식적인 행위 역시 피사동자의 상태변화를 초래시킬 수 있기 때문이다. 언어 행위나 심리적 요인, 도구 등은 사람이나 동물에 의존해서 행위가 발생하므로 [±의도성]의 의미자질을 가진다. 퀘벡세스(Kövecses, 2000)에 따르면, 감정이나 인간의 행위 역시 사동자 범주로 귀납시킬 수 있다고 하였다. 사동자 논항이 사건인 경우는 '喝酒把他喝醉了'에서 '喝酒'가 이에 해당한다. 자연현상은 그 자체가 의도적인 행위를 하지 못하지만 피사동자에게 영향을 미치고 변화를 초래시킬 수 있다. 바이러스나 질병의 경우 작용력의 전달은 사물이나 공기에 의존하지만 자발적으로 전달되는 경우도 있으므로 [±의도성]의 의미자질을 지닌 것으로 볼 수 있다. 지금까지 사동 도식의 사건구조와 사동자의 의미적 특징에 대해서 살펴보았다. 다음 절에서는 사동의미를 나타내는 '动结'구문, '把'자문, '동사중출문'의 사건구조를 살펴볼 것이다. 그리고 세 유형에 나타나는 사동자, 피사동자, 작용력의 순차적 배열과 관련된 주관성에 대해서도 논할 것이다.

1.2.1. '动结'구문

王力(1943)은 '사성식(使成式)'의 개념을 도입하여 전형적인 '动结'구문은 사동 관계를 나타낸다고 하였다. 그는 이후의 연구에서 '动结'구문이 사동범주를 표현하는 문법형식이라고 인식하고 있다. 다음의 '动结'구문은 사동의미를 나타낸다.

(25) a. 她今天却跑得上气不接下气。

그녀는 오늘 오히려 숨을 헐떡거리며 달렸다.

b. 哥哥骂哭了弟弟。

형은 동생에게 욕을 해서 울렸다.

c. 茅台酒喝醉了他。

마오타이주는 그를 취하게 했다.

(26) a. 气候变熟了苹果。

기후는 사과를 익게 하였다.

b. 太阳晒黑了他的脸。

태양은 그의 얼굴을 꺼멓게 태웠다.

(햇빛을 쐬자 그의 얼굴은 까맣게 되었다.)

c. 大风吹得他睁不开眼睛。

큰 바람은 그를 눈도 뜰 수 없게 했다.

(25)에서처럼 작용력의 방향은 사동자의 의도에 따라서 사동자 자신 또는 피사동자를 향하게 된다. 작용력이 자연력일 경우 피사동자 '苹果'는 자연력의 지속적인 영향을 받으면서 상태변화가 점차적으로 진행된다. 일정한 시기와 조건에 이르게 될 때 '苹果'의 숙성 정도는 정점에 이르게 될 것이다. (26c)처럼 사동자와 피사동자의 영향관계는 짧은 시간에 이루어질 수도 있다. 큰 바람의 영향으로 피사동자 '他'의 눈이 순식간에 감길 수 있기 때문이다.

李临定(1988)에 따르면 사동 도식은 사동사건 논항 실현 구조인 ['X causes Y become Z']에서 반드시 'Y'가 'Z'으로 상태변화를 겪어야 한다고 하였다. 다음은 사동사건이 개념구조에서 사건구조로 사상(mapping)되는 과정을 나타내고 있다.

(27) 小王打伤了这个人。

　　개념구조 ： [X causes Y become to X→Z]

　　사건구조 ： 小王打这个人 →^F 这个人伤了

　　(X : 사동자, Y : 피사동자, Z : Y의 상태변화, →^F : 작용력)

위의 사건을 개념화하면 출발공간에서 X가 Y에 접촉, 작용력 F
에 의한 공간 연쇄, 목표공간에서 Y가 Z으로 상태변화가 일어나고
있음을 나타낸다. 이를 사건구조로 사상하면 X와 Y가 접촉한 '小
王打这个人'은 출발공간으로, Y가 Z의 상태변화가 발생한 '导致这
个人伤了'은 목표공간으로 간주된다. 이 두 공간은 작용력 F에 의
해서 연쇄되고 있다.

사동의미를 나타내는 '动结'구문에서 주어의 선택은 사동의미를
제약하는 결과를 나타내기도 한다. 다음은 施春宏(2008)에서 가져온
예문이다.

(28) a. 小明用足球砸碎了教室的玻璃。
　　　　샤오밍은 축구공으로 교실의 유리를 산산조각나게 했다.
　　b. 足球砸碎了教室的玻璃。
　　　　축구공은 교실의 유리를 산산조각나게 했다.
(29) a. 老师用那些难题考倒了所有的学生。
　　　　선생님은 저런 어려운 문제들로 모든 학생들로 하여금 시
　　　　험을 망치게 했다.
　　b. 那些难题考倒了所有的学生。
　　　　저런 문제들은 모든 학생들로 하여금 시험을 망치게 했다.

(28b)의 '足球'와 (29b)의 '那些难题'는 도구격 논항으로 사동자에 해당한다. 그런데 이들을 (28a)와 (29a)처럼 실현하게 되면 사동자 논항의 직접성, 구체성으로 인해 전형성이 높은 사동사건으로 실현될 수 있다.[38] 작용력을 발휘하는 사동자의 의미자질이 [-유정성]인 경우 (28a-29a)처럼 직접적인 원인유발자를 연결시키면 사동자의 의도성이 분명해지므로 사건의 사동성의 위계는 높아지게 되는 것이다.

1.2.2. '把'자문

'把'자문은 사동자가 작용력을 촉발하여 피사동자로 하여금 상태변화를 초래시켰음을 나타낼 때 사동의미를 가지게 된다. 다음의 예문을 통해 '动结'구문과 '把'자문에 내재된 사동의미를 살펴보기로 하자.

(30) a. 我打破了花瓶。
    b. 我把花瓶打破了。
      나는 화병을 깨뜨려 파손시켰다.
(31) a. 他消灭了灯。
    b. 他把灯消灭了。
      그는 등을 껐다.

위의 예문은 모두 사동의미를 나타내지만 중국인 화자는 상황적 맥락에 따라 '动结'구문이나 '把'자문을 선택적으로 발화하게 된다.

---

38) 施春宏(2008) 참조.

중국어 화자가 두 구문에 내재된 의미적 차이를 직관적으로 인식하고 있기 때문이다. 이에 두 구문에 내재된 의미적 차이를 살펴보겠다. 먼저 '把'자문을 살펴보자. 통사적 측면에서 '把'자문의 목적어는 한정적 명사구나 한정적 명사구가 쓰이며 동사는 복잡한 구조로 이루어져 있다. 문장에 '把'가 첨가되면서 문장의 통사구조가 바뀌게 되는데 이러한 통사적 규정은 특정한 의미를 도출할 수 있는 정보를 담고 있다. 이는 '把'자문이 화자가 의도적으로 대상의 상태변화를 초래시키거나 대상에 대한 주관적 태도를 표현하는 경우에 주로 사용하고 있는 것에서 알 수 있다.

이제 사동의미를 지닌 '动结'구문과 '把'자문의 의미적 차이를 좀 더 상세하게 살펴보기로 하겠다. 다음의 예문은 '把'자문과 '动结'구문의 사용 환경을 잘 보여주고 있다.

(32) a. 请打开窗户!
　　 b. 请把窗户打开!
　　　 창문을 열어 주세요.

허성도(2007)에 따르면, (32a)는 창문을 열어달라는 단순한 요구를 나타낸다고 하였다. (32b)는 자꾸만 창문을 닫으려는 사람, 혹은 창문을 열어 달라고 이미 말했는데도 못 들었거나, 못들은 척하는 사람 등에게 할 수 있는 말이다. 이에 따르면 화자가 대상에 대한 감정이 촉발한 상태를 '把'자문을 통해 표현하고 있음을 알 수 있다.

'把'자문이 화자의 주관적인 태도를 표현하고 있다는 사실은 다음의 예문에서도 확인할 수 있다. 다음은 周红(2005)에서 가져온 예문이다.

> (33) 民众的沉痛呼声把老实的李先生感动得红了眼睛。
> 민중의 비통한 외침은 성실한 이 선생을 감동시켜 눈시울을
> 붉히게 했다.
> (34) 他脸上吃惊的神气十分有趣, 把我逼得格格直笑。
> 그의 얼굴에 놀라는 기색이 매우 재미있어서 나를 깔깔 웃게
> 했다.

(33-34)에서는 무생물 사건에 해당하는 사동자 '民众的沉痛呼声'
과 '他脸上吃惊的神气十分有趣'에 의해서 피사동자인 '李先生'과
'我'의 심리적 상태를 강조하고 있다. (33-34)처럼 주관성이 강화된
문장에서는 '使'자문을 쓸 수 없다. 위의 예문은 '动结'구문으로도
대체할 수 없는데 이는 '把'자문이 '动结'구문에 비해서 주관성이
강화된 구문이기 때문이다. 인지언어학적 측면에서 '动结'구문보다
'把'자문이 주관적 태도가 강조된다는 사실은 문장성분 간의 개념
적 거리를 통해서도 확인할 수 있다. 이에 대해서는 다음 절의 마
지막 부분에서 논할 것이다.

1.2.3. 동사중출문

사동의미를 나타내는 동사중출문은 동목구조와 동보구조 간에
인과관계를 이루고 있다. 戴耀晶(1998)은 '他喝酒喝醉了'의 예시를
통해서 동사중출문은 하나의 사건을 두 개의 사건으로 분해해서
서술한 것이라고 하였다. 다음의 예문을 살펴보자.

(35) 小明踢足球踢得满头大汗。

샤오밍은 축구를 하더니 땀에 흠뻑 젖었다.

(샤오밍은 땀에 흠뻑 젖도록 축구를 했다.)

(36) 我们演出演砸了。

우리들은 연출을 했는데 엉망이 돼버렸다.

(37) 他吃夜宵吃胖了。

그는 밤참을 먹더니 살이 졌다.

(38) 老张熬夜熬病了。

라오장은 밤을 새더니 병이 났다.

(35)의 경우 '小明'이 '踢足球'의 행위를 한 사건과 그로 인해 '导致小明自己踢得满头大汗'의 결과를 초래한 사건으로 분해할 수 있다. 두 사건은 시간의 흐름에 따른 인과성으로 규정되며 "因为小明踢球, 所以他踢得满头大汗"으로 호환이 가능하다.

사동자가 피사동자로 하여금 상태변화를 이끌어내기 위해서는 서로 간에 힘의 작용은 필수적이다. 크로프트(Croft, 1991)에 따르면, 작용력의 전달은 사동 작용의 연쇄로 볼 수 있으며 과정마다 종점이 존재한다고 하였다. 사동자의 의도적 행위가 피사동자로 하여금 일정한 결과를 이끌어내기 위해서 작용력은 사건의 종료 시점까지 전달되어야 한다. 다음의 예문을 보자.

(39) 喝水喝涨了肚子。

물을 마셨더니 배가 불렀다.

(40) 喝酒喝得胃疼。

술을 마셨더니 위에 통증이 왔다.

(41) 抽血抽得脸色蜡黄。

피를 뽑더니 얼굴이 노랗게 떴다.

(42) 抽烟抽得手指头都黄了。

담배를 피웠더니 손가락이 노래졌다.

(39)에서 배가 부른 이유는 물을 많이 마셨기 때문이고 (40)에서 위에 통증이 발생한 것은 과음을 했기 때문이다. (41)에서 얼굴이 노랗게 뜬 이유는 몸속에서 너무 많은 혈액을 뽑았기 때문이며 (42)에서 손가락이 노랗게 뜬 이유는 담배를 많이 피웠기 때문이다.

동사중출문은 사건의 의외성을 나타내는 경우에 사용되기도 한다.

(43) 在食堂吃饭吃出一个砂子来。

식당에서 밥을 먹는데 돌이 나왔다.

(44) 他读书读成了傻瓜。

그는 공부를 하더니 바보가 되다니.

(45) 他下棋竟然下得很认真。

그는 바둑을 두더니 뜻밖에 열심히 한다.

(46) 她写文章写得谁都看不懂。

그녀가 쓴 문장은 누구도 알아볼 수 없어.

위의 예문에서 동목구조는 일상적인 사건을 나타내고 있지만 동보구조와 결합하면서 전체 사건은 의외의 결과가 나타났음을 표현하고 있다. (43)과 (44)처럼 밥 속에서 돌이 나왔거나 공부를 하고 나서 오히려 바보가 되었다는 사실은 뜻밖의 결과가 나타났음을 의미한다. (45)에서 '竟然'은 사건의 의외성을 나타내는 부사어이다. (46) 역시 화자는 청자에게 '她'의 행위가 뜻밖이라는 사실을 내포하고 있다.

이상에서 보듯이 사동 도식의 유형인 '动结'구문, '把'자문, 동사중출문은 모두 사동의미를 지니고 있지만 의미적인 차이점이 존재하고 있다. 다음에서는 세 구문의 의미적 차이를 살펴보기 위해서 사동자, 피사동자, 작용력 간의 개념적 거리를 순차적으로 배열하였다.

> (48) a. '动结'구문 : 사동자 > 사동행위 > 사동결과 > 피사동자
> b. '把'자문 : 사동자 > '把'－피사동자 > 사동행위 > 사동결과
> c. 동사중출문 : 사동자 > 사동행위 > 피사동자 > 사동행위
>   > 사동결과

사동 도식의 세 유형에서 사동자는 모두 문두에 출현하고, 사동행위와 사동결과는 결속을 이룬다는 공통점이 있다. 그러나 사동자를 중심으로 피사동자와 작용력(사동행위)의 거리적 관계는 서로 상이하게 나타난다. '动结'구문의 경우 사동자와 피사동자는 거리적으로 멀리 위치하고 있다. '把'자문은 서로 인접하게 위치하고 있다. 동사중출문은 사동자와 피사동자가 가까이 위치하고 있으며 작용력이 반복해서 출현한다.

세 구문의 주관성 위계는 '동사중출문>'把'자문>'动结'구문' 순으로 이루어지고 있다. 이에 대한 설명은 다음과 같다.

사동자와 피사동자가 양 끝에 놓여 있는 '动结'구문은 두 논항이 떨어진 거리만큼 사동자가 피사동자에게 미치는 힘은 약화된다. '把'자문와 동사중출문을 비교했을 때 '动结'구문이 덜 주관적이거나 객관적인 묘사에 주로 쓰인다는 점에서 확인할 수 있다. '把'자

문의 경우 사동자와 피사동자는 거리적으로 인접해서 위치하고 있
다. 이러한 거리적 관계는 사동자의 통제력이 피사동자에게 직접적
으로 전달되면서 피사동자에 대한 처치 행위가 강화되고 있음을
가리킨다. 이는 '把'자문이 주로 화자의 주관적 감정이나 태도를
표현하는 데 쓰이고 있다는 점에서 확인할 수 있다.

　동사중출문의 경우 사동자와 피사동자는 거리적으로 인접할 뿐
만 아니라 작용력이 출발공간과 목표공간에 반복적으로 출현하면
서 화자의 주관성의 정도가 강화될 것이라는 추론이 가능하다. 동
사중출문이 청자로 하여금 주의를 환기시키거나 경각심을 주는 경
우에 쓰이며, 상식 범위를 초월하는 의외의 사건이나 생동감 있는
수사적 표현을 하는 경우에 사용된다는 점에서 주관성의 정도가
매우 높다는 것을 알 수 있다. 세 구문에서의 사건의 순서는 시간
의 흐름에 따라 전개되고 있지만 인접성의 원리와 작용력의 원리
가 어순에 어떻게 설정되어 있느냐에 따라서 구문이 표현하고자
하는 의미적 차이가 나타나고 있다. 이러한 점에서 어순은 정교하
게 조율된 의사소통 체계라는 점을 확인할 수 있다.

1.3. 연결 도식(link schema)

　연결 도식은 줄같이 길고 가느다란 모양을 기본 형태로 하고 있
으며, 개체를 연결하거나 연결을 끊는 것과 같은 끈의 속성에 근거
하여 은유적으로 확장된 도식이다.[39] 임지룡(1997)은 연결 도식의
일차적 경험은 어머니의 탯줄이고 태아는 탯줄을 통해 생명을 유

지한다고 하였다. 사람은 태어나면서 탯줄과 분리되지만 부모의 양육을 통해 새로운 연결을 경험하게 된다. '연결'은 긍정적 경험으로 인지되며 '분리'는 부정적 경험으로 인지되기 때문에 우리는 다양한 사회적 관계를 통해서 연결 관계를 형성하려는 경향이 있다.

현대중국어에서 연결 도식에 해당하는 구문은 연동문과 겸어문이다. 연동문은 두 개 이상의 사건구조로 연쇄되어 있으며 사건을 이끌어가는 행위자는 동작의 연쇄과정과 직접적인 관계를 맺는다. 겸어문 역시 두 개 이상의 사건구조로 연쇄되어 있으며, 행위자는 동작의 연쇄과정과 직·간접적인 관계를 맺고 있다. 겸어문에서 출발공간의 수동자는 목표공간에서 행위자의 역할을 겸하기 때문에 '겸어'라는 명칭으로 불려지기도 한다. 연결 도식에 해당하는 두 구문의 사건 순서는 시간적 선후 관계에 따라 연쇄되는 특징을 보이고 있지만 두 사건이 연결되는 양상에는 차이가 있다.

1.3.1. 연동문

하나의 문장 안에서 연속된 두 개 이상의 동사구가 문장의 술어 기능을 담당하는 구문을 연동문이라고 부른다. 좀 더 엄밀하게 말하면, 연동문은 동사구 사이에 휴지를 둘 수 없고 어떠한 형태의 연결사가 올 수 없으며, 동사구 간에 동목구조나 수식구조를 이루지 못한다. 趙元任(1968)은 최초로 연동문의 개념을 설명하였으며, 이에 대한 명칭을 'verbal expressions in series'이라고 제안한 바 있

---

39) 임지룡·임혜원(2007 : 106) 참조.

다. 이후 중국어학계에서는 연동문에 대한 논의가 활발하게 이루어
졌으며 그 중에서 丁声树(1961 : 112-118)가 연동문의 개념을 명확하
게 설명하였다. 그는 연동문의 구조적 특이성과 병렬구조와의 대조
분석을 통해서 연동문이 '동사구의 순서적 고정성'의 특징을 보인
다고 밝혔다.

이제 연동문의 사건구조가 어떻게 설정되어 있는지 살펴보기로
한다.

    (49) 我们乘汽车到了南京路。
        우리들은 버스를 타고 난징루에 갔다.
    (50) 妈妈看了那封信高兴极了。
        어머니는 그 편지를 보고 몹시 기뻐했다.
    (51) 姑妈进商店买东西还没出来。
        고모는 상점에 들어가서 물건을 사느라 아직 나오지 않았다.

위의 예문에서 연속된 두 개의 동사구는 각각 출발공간과 목표
공간으로 사상된다. (49)는 행위자 '我们'이 버스를 타는 사건과 버
스를 타고 '南京路'로 이동한 사건이 연결되고 있다. 연동문의 독
립된 사건들은 시간의 선후관계에 따른 인과성을 구현하므로 두
사건의 순서가 바뀌어졌을 때 인과성이 성립하는지의 여부에 따라
의미가 완전히 달라지거나 논리적으로 부자연스러워진다.

    (49′) 我们到南京路乘汽车。
        우리는 난징루에 가서 차를 탄다.
    (50′) *妈妈高兴极了看了那封信。

(51ʹ) *姑妈买东西进商店还没出来。

(49)의 사건 순서가 바뀐 (49ʹ)는 경험적, 논리적 인과성에 부합하므로 자연스러운 문장이다. (50ʹ)의 경우 출발공간에서 '妈妈'가 기뻐하고 있는 상태를 묘사하고 있으며, 목표공간에서 편지를 보고 있는 사건이 묘사되어 있는데 이는 사건의 인과관계에 위배되므로 (50ʹ)는 인지적으로 수용되기 어렵다.

연동문의 동사구 간에는 사건의 전후관계를 나타내는 부사어를 삽입해서 연결시킬 수 없다.

(52) a. 北约轰炸占领了那座城市。
   b. NATO bombed to capture the city.
      나토는 폭격을 해서 도시를 점령했다.
(53) a. 我们停止工作休息一会儿吧。
   b. Let's stop working and relex just a minute.
      일을 그만하고 좀 쉽시다.

영어의 경우 문장 내에 두 개 이상의 동작행위가 출현할 때 'to' 부정사나 접속사를 첨가해서 사건의 선후관계를 나타내고 있다. 한국어의 경우는 동사 뒤에 연결어미를 부가해서 사건의 선후관계를 나타내고 있다. 이와 달리 중국어는 어순에 의존하여 사건의 선후관계를 나타내고 있다. 戴浩一(1988)는 중국인이 어떤 상황을 관찰하고 지각할 때 통상적으로 시간순서의 원칙을 준수하고 있으며 이러한 인지적 심리가 중국어 어순에 가장 두드러진 경향이라고 하였다.

다음의 예문을 통해 중국인의 인지적 사고방식에 대해서 살펴보기로 하자.

(54) a. 约翰用铅笔写了字。
　　 b. John wrote characters with a pencil.
　　　 존은 연필로 글씨를 썼다.

시각화 공간에서 살펴본 바와 같이 중국어에서 '用铅笔'는 사건의 전체적인 배경으로 중심 장면 '写字'을 연결시키는 기능을 한다. 이와 달리 영어는 전경에 해당하는 독립구 'wrote characters'가 선행하고, 배경에 해당하는 의존구 'with a pencil'이 후행하는 경향으로 나타난다. 이 같은 어순의 경향성은 다음의 'V着VP' 연동문에서도 볼 수 있다.

(55) a. 他微笑着向我走来。
　　 b. He walked towards me with a smile.
　　　 그는 미소를 지으며 나를 향해 걸어 왔다.
(56) a. 我每天顶着寒风去上班。
　　 b. I have the occasion to work in cold every day.
　　　 나는 매일 찬바람을 맞으며 출근한다.

시각화 공간의 측면에서 (55a)와 (56a)의 정적 장면은 '笑着'와 '顶着'는 '向我走来'와 '去上班'의 동적 장면을 연결하는 배경의 역할을 하고 있다. 이는 중국인이 배경을 전제로 다양한 사건을 관찰하는 '장—의존적 사고'방식과 관련이 있다. (55b)와 (56b)는 중국어의 어순과 상반된 경향이 나타나는데 이는 영미인의 '장-독립적 사고'방식과 관련이 있다. 이러한 인지적 사고방식이 중국어의 연동문과 영어에 반영되었을 때 공간을 구성하는 방식의 차이로 인하여 서로 다른 어순의 경향이 나타날 수 있음을 알 수 있다.

1.3.2. 겸어문

겸어문에 대한 개념을 최초로 소개한 黎锦熙(1924)는 두 개의 동사구 사이에 있는 명사구가 두 가지 기능을 한다는 점에서 착안하여 그 명사구를 '겸격(兼格)'으로 보았다. 朱德熙(1985)에 따르면, 'NP$_1$＋VP$_1$＋NP$_2$＋VP$_2$' 형식에서 NP$_2$와 VP$_2$는 의미적으로 상호관계를 이루고 있으며 구조적으로 자의적 관계이므로 NP$_2$를 VP$_1$의 목적어로 보아야 한다고 주장하였다. 陆俭明(1994)은 겸어문에서 VP$_1$과 VP$_2$의 선후관계는 시간순서의 원리를 따른다고 하였다. 다음의 예문을 살펴보기로 하자.

> (57) 我派他去。
>   나는 그를 파견해서 (어떤 곳으로) 가도록 했다.
> (58) 他请我们吃饭。
>   그는 우리를 초청해서 식사 대접을 했다.

겸어문에서 두 개의 동사구는 시간순서에 따라 연쇄되고 있으며, 밑줄친 '他'와 '我们'은 두 동사구의 의미관계에 따라 수동자와 행위자 역할을 겸하고 있다. 이처럼 수동자와 행위자 역할을 충당하고 있는 '他'와 '我们'을 '피행위자(passive-agent)'라고 부를 것이다.

'피행위자' '他'와 '我们'은 목표공간에서 행위자 역할을 부여받아 사건의 목적을 달성하지만 그들의 행위는 출발공간에서 전체 사건을 통제하는 행위자에 의존한다. 만약 겸어문의 행위자가 사건을 주동하지 않는다면 피행위자의 역할은 전무할 수밖에 없다.

范晓(1998)에 따르면, (57)에서 '派'는 단지 '他'와 직접적인 관계가 발생하며, '派他'는 다시 '去'와 직접적인 관계가 발생한다고 하면서 V₁, N, V₂는 동일한 층차로 볼 수 없다고 하였다. 겸어문의 사건구조에서 출발공간에 있는 행위자 '我'가 전체 사건을 통제하고 있으며, '我'의 작용력을 흡수한 피행위자 '他'는 목표공간의 관할 범위 내에서 비자주적으로 사태변화를 이끌게 된다. 이는 '派他'가 사건 전체를 주동적으로 이끄는 행위 주체가 될 수 없음을 의미한다.

겸어문에서 행위자가 피행위자로부터 어떠한 목적이나 동작을 이끌어 내기 위해서 '명령, 강제, 파견, 요구, 부탁, 권고, 허가, 금지'를 나타내는 사동의미의 동사나 '인정(认定)', '심리 상태'를 나타내는 동사를 쓰는 것이 일반적이다. 다음은 사동의미를 나타내는 동사가 겸어문에 쓰인 예문이다.

(59) 他一大早就催促我早点动身。
　　그는 이른 새벽에 나를 재촉해서 좀 더 일찍 출발하게 했다.
(60) 我们邀请他来北京。
　　우리들은 그를 초청해서 베이징으로 오게 했다.
(61) 校长通知她马上去开会。
　　교장은 통지해서 그녀에게 통지하여 즉시 회의를 열게 했다.

(59-61)에서 행위자는 피행위자로 하여금 어떠한 행동을 이끌어 내도록 지시를 내리는 행위주체이다. 피행위자에 대한 통제력은 행위자가 촉발한 작용력에 따라 달라진다. '鼓舞'류, '刺激'류는 피행위자와 심리적 동요가 일어나기 쉽고, '허가'류, '금지'류는 피행위자의 행동 범위를 강하게 통제함으로써 피행위자는 심리적 억압을 받게 한다.

다음의 예문은 인정 의미를 나타내는 동사가 겸어문에 쓰인 경우이다.

> (62) 我们选他当班长。
> 우리들은 그를 반장으로 선출하였다.
> (63) 上级任命他为校长。
> 상부에서 그를 교장으로 임명하였다.

(62-63)은 출발공간에서 행위자는 피행위자에게 직분을 부여하고 있으며, 목표공간에서는 피행위자가 새로운 직위 또는 임무를 부여받는 사건으로 구성된다.

연결 도식은 동사구와 동사구가 단순하게 연결되는 형식으로 표상되지만 연동문과 겸어문의 사건구조에는 차이가 있다. 연동문의 경우 사건의 순서가 역전되더라도 논리관계가 성립되면 적격한 문장으로 간주된다. 그러나 겸어문의 경우 사건의 순서를 역전시키면 논리관계에 어긋나므로 어순 변화는 허용되지 않는다. 겸어문의 사건구조는 피행위자의 역할로 인해서 복잡하게 연쇄되는 경향으로 나타나지만 연결 도식이 사동 도식처럼 다양한 통사적, 의미적 스

펙트럼을 지니고 있지는 못하다. 가령 사동 도식의 경우 '*动结*'구
문, '*把*'자문, 동사중출문처럼 문장성분의 다양한 분포를 통해 의미
적 차이를 나타낼 수 있지만 연결 도식은 그렇지 못하다.

　연결 도식의 사건구조는 연동문과 겸어문은 행위자가 지배하는
사건의 통제성에 따라 다음의 그림과 같이 나타낼 수 있다.

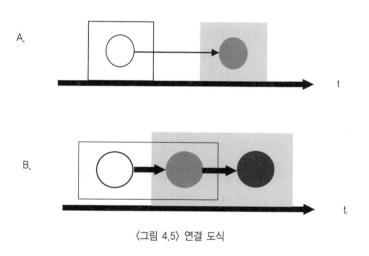

〈그림 4.5〉 연결 도식

　연동문 A 도식의 사건은 단순한 연쇄 구조를 이루고 있는 반면
에 겸어문 B 도식의 사건은 복잡한 연쇄 구조를 이루고 있다. 연동
문의 경우 행위자는 전체 사건을 직접적으로 관할하고 통제하고
있는 것으로 구현되고 있다. 겸어문의 경우 행위자는 피행위자에게
후속 사건을 실현하도록 작용력을 양도하기 때문에 목표공간에서
행위자의 역할은 피행위자로 교체되고 있다.

　<그림 4.5>에서 보듯이, 피행위자의 사건 통제 범위는 목표공간
으로 제한되어 있다. 행위자가 피행위자와 상대적 우위에 있으면서

피행위자에게 자신이 의도한 행위의 결과를 도출하도록 요구하고 있기 때문이다. 이에 반해 피행위자는 행위자가 이끄는 사건을 이 행해야할 의무를 가지고 있다. 겸어문이 다소 복잡한 연결 관계로 이루어지는 것은 사건이 행위자와 피행위자의 섭동관계에 의해서 구조화되기 때문이다. 이상에서 살펴보았듯이 연결 도식은 시간순 서의 원칙을 준수하고 있지만, 공간 구성방식의 차이로 인해 연동문 과 겸어문은 상이한 사건구조를 선택하고 있음을 확인할 수 있다.

1.4. 전달 도식(transfer schema)

이중목적어구문은 통사적으로 동사 뒤에 두 개의 목적어를 필수 논항으로 취하는 독특한 문장 형식이다. 이에 대한 의미구조는 '행 위자NP+동사V+수용자NP$_2$+대상NP$_3$' 형식으로 구현된다. 이중 목적어구문의 문법의미는 '전달'로 보는 것이 일반적이다. 골드버그 (Goldberg, 1995)는 전형적인 이중목적어구문의 문법의미를 '의도된 전달'이라고 규정하면서 체계적인 은유에 기초를 둔 광범위하고 생 산적인 표현 집단이라고 하였다. 张伯江 역시 이중목적어구문의 의 미를 '의도적인 수여성 전달'로 규정하면서 이 구문에 대한 원형적 인 특징을 제시하였다. 이에 이중목적어구문의 핵심의미를 전달로 보고, 이와 관련된 사건 도식을 '전달 도식'이라고 부르기로 한다. 일반적으로 전달을 하기 위해서 대상을 주고받는 행위자와 수용자 는 반드시 필요하며 전달 대상 또한 없어서는 안 되는 요소이다. 따라서 행위자(agent), 수용자(recipient), 대상(theme)의 세 논항은 이중

목적어구문의 의미적, 논리적 상관성을 구축하는 데 필수적인 문장
성분이다. 다음은 Langacker(1987)에서 가져온 예문이다.

> (64) a. I sent her a walrus.[40]
>   b. 我送她一只海象。
>   나는 그녀에게 바다코끼리를 선물했다.
> (65) a. ?I sent Antarctica a walrus.
>   b. ?我送南极洲一只海象

　(64)처럼 전달과 소유관계가 순차적으로 이루어지는 경우 자연스
러운 문장으로 간주된다. 그러나 (65)처럼 대상이 전달되더라도 무
생물인 '남극'과 '바다코끼리'는 소유관계가 이루어질 수 없기 때
문에 (65b)는 비논리적인 문장으로 간주된다. 전달 도식이 '전달'과
'소유' 개념을 가진다는 전제 하에 대상의 전달 방향에 따라 이중
목적어구문을 다음과 같이 나누기로 한다.

> (66) a. 우향성 이중목적어구문
>   b. 좌향성 이중목적어구문
>   c. 양방향성 이중목적어구문[41]

　전달 도식은 대상의 방향성에 따라 우향성, 우향성, 양방향성 이
중목적어구문으로 나뉘는데 대상이 전달의 방향과 관계없이 통사
적으로 문미에 위치한다는 점은 주목할 만하다. 전달 사건이 완료

---

40) 예문에서 'I'와 'her'가 원문에는 'Bill'과 'Joyce'로 표기되어 있음을 밝힌다.
41) '양방향성 이중목적어구문'은 논의 대상에서 제외하기로 한다.

된 시점에서 대상의 소유자가 행위자든지 수용자든지 상관없이 문미의 고정된 위치를 차지하고 있기 때문이다. 이러한 사실에서 전달 도식에서 사건의 종료 결과 발생하는 소유관계가 세 논항의 위치를 정할 때 결정적인 요인이 아니라는 가정을 세울 수 있다. 이에 전달 도식에서는 행위자, 수용자, 대상의 세 논항의 순차적 배열을 인접성의 원리에 근거하여 논의할 것이다.

1.4.1. 우향성 이중목적어구문

우향성 이중목적어구문은 대상의 방향이 행위자에서 수용자에게 향하며 우향성 전달 도식이 이에 해당한다. 사건구조에서 행위자와 대상의 접촉과 전달이 이루어지는 사건은 출발공간으로 사상되고, 수용자가 수동적으로 대상을 전달받은 사건은 목표공간으로 사상된다.

우향성 전달 도식은 다음의 그림과 같이 나타낼 수 있다.

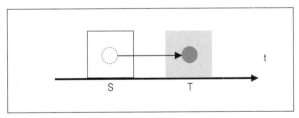

〈그림 4.6〉 우향성 전달 도식

위의 전달 도식은 이중목적어구문에서 출현빈도가 가장 높게 나타나는 '수여' 의미를 나타낸다. <그림 4.6>에서 S는 출발공간(start space)을 나타내며 T는 목표공간(target space)을 나타낸다. 윤곽 부여된 외곽선은 하나의 용기 즉, 사건을 나타낸다. 사건의 내부구조를 들여다보면 S는 T의 전제이며 사건의 배경이므로 시간적으로 선행된다. S와 T 사이의 화살표는 작용력으로 대상이 수용자에게 전달되는 시점까지 작용하고 있다. <그림 4.6>에서 목표공간 T가 부각된 것은 행위자가 수용자에게 대상을 전달함으로써 이를 전달받은 수용자 측에 상태변화가 초래되었음을 의미한다. 전달 도식에서 대상은 의지와 상관없이 위치 이동을 하는 비감정적 객체로서 전달 방향과 관계없이 문미에 위치하면서 수용자와 거리적으로 인접관계를 이루고 있다.

전달 도식의 대상은 다음과 같이 구체적인 사물뿐만 아니라 추상적인 사물도 포함하고 있다.

> (67) 老王买了李先生一栋公寓。
>   라오왕은 이 선생에게서 아파트 한 채를 구입했다.
> (68) 他传染我感冒。
>   그는 나에게 감기를 옮겼다.

예문 (67)은 행위자 '老王'이 수용자 '李先生'으로부터 매입한 대상이 아파트에만 국한되는 것이 아니라 아파트에 대한 소유권, 입주권 등도 포함된다. 대상이 '아파트'와 같은 고정물인 경우 위치 이동은 불가하다. 그러나 매매와 관련하여 소유권 이동이 발생하므로 수용자의 소유대상이 행위자에게 이동하는 것으로 이해할 수 있다.

우향성 이중목적어구문에 들어가는 동사는 일음절 동사 '给, 赔, 赏, 托, 退, 奖, 教' 등과 이음절 동사 '发还, 津贴, 分发, 托付' 등이 해당된다. 다음의 예문을 보자.

(69) 我给了他一双鞋做生日礼物。
　　　나는 생일 선물로 그에게 신발 한 켤레를 주었다.
(70) 张三送了李四一本书。
　　　장싼은 리쓰에게 책 한 권을 보내주었다.
(71) 李老师教我们汉语。
　　　이 선생님은 우리들에게 중국어를 가르쳐준다.

(69)에서 '给'는 전형적인 전달동사로서 이중목적어동사의 범주에서 전형성이 매우 높은 동사이다. 일반적으로 '给'가 나타내는 전달 행위는 행위자와 수용자 간에 물리적 접촉에 의해서 이루어지기 때문이다. (70)에서 '送'은 두 사건참여자 간의 물리적 접촉과 간접적인 전달 행위를 포함하고 있지만 비교적 전형성이 높은 전달 동사에 해당한다.[42] '教'의 경우 이중목적어구문에 해당하는 전달 동사의 범주에서 전형성이 낮은 편이다. '教'가 '가르치다'의 의미로 쓰일 때 전달 도식의 틀에 들어가지 않더라도 2가동사로서 '我教汉语'라고 표현할 수 있기 때문이다.

延俊荣·潘文(2006)은 전달 행위의 의미적 특징을 다음과 같이 분석하였다. 행위자인 NP₁은 [＋유정성], [＋자주성], [＋사동원인성]

---

[42] '送'이 간접적인 전달 행위를 표현하는 이유는 행위자가 대상을 직접적으로 전달할 가능성도 있지만 다른 사람에게 위탁하거나 우편을 통해서 전달할 수 있기 때문이다.

의 의미적 특징을 가지고 있으며, 수용자 NP_2는 [+유정성], [+종점]의 의미적 특징을 가지고 있으며, 대상 NP_3는 [+수동성], [+이동성], [+자립성]의 의미적 특징을 가지고 있다. 예문 (69-71)의 세 논항의 의미적 특징을 살펴보면 NP_2 항목에 [±능동적]이라는 의미 항목을 추가해야할 필요가 있다. 수동자가 비의지적으로 행위자의 소유물을 획득할 가능성도 있지만 의지적으로 획득할 가능성도 있기 때문이다. 이와 관련하여 다음의 예문을 살펴보자.

(72) 王老师告诉一班同学一个消息。
    왕 선생님께서 1반 학생들에게 소식을 전해주었다.
(73) 他给我一支香烟。
    그는 내게 담배를 한 개피를 주었다.

(72)에서 학생은 선생님이 전달한 정보를 능동적이거나 수동적으로 받아들이게 된다. (73)에서 담배가 전달된 것은 수용자의 요구에 응했을 가능성이 있다. 담배와 같은 기호품은 수용자의 요구가 없으면 주고받기 어렵기 때문이다. 만약 이 같은 전제를 함의한다면 수용자 '我'가 담배의 획득한 사건은 수용자의 의지적 행위에 의해서 일어났을 가능성이 크다.

우향성 이중목적어구문에서 전달 사건이 종료된 결과 수용자와 대상 간에는 소유와 피소유 관계가 이루어진다.

(74) 他给了小王一本书。
    그는 小王에게 책 한 권을 주었다.

(75) 老师教我们现代汉语。
　　　 선생님은 우리들에게 현대중국어를 가르쳐주셨다.

　(74-75)는 전달 사건이 끝나는 시점에서 수용자와 대상 간에 소유관계가 이루어진다. 전달의 결과 수용자와 대상의 거리적 인접성이 두 논항 간에 소유관계의 의미를 함축하고 있는지 살펴보기로 하자. 수용자와 대상의 관계가 소유관계를 이루고 있는지는 두 논항 사이에 소유동사 '有'를 부가하면 검증가능하다.

(74') 小王有一本书。
　　　 小王은 책 한권을 가지고 있다.
(75') *我们有现代汉语。

　(74')는 수용자 '小王'과 대상 '一本书' 간에 분명히 소유관계를 이루고 있다. 그러나 (75')의 경우 수용자 '我们'과 '现代汉语' 사이에 소유동사 '有'를 부가하더라도 '我'와 '现代汉语' 사이에는 소유관계를 이루기 어렵다. 이에 따라 (75')는 의미적으로 어색한 문장으로 이해된다. 그런데 전달이 구체적 전달에서 추상적 전달로 의미 확장을 하는 것처럼 구체적 소유관계 역시 추상적 소유관계로 의미 확장이 가능하다. 이러한 측면에서 보면 '我们'은 '现代汉语'와 관련된 다양한 지식을 습득한 것으로 이해되므로 두 성분 간에는 추상적 소유관계를 이룰 수 있다.
　다음의 우향성 이중목적구문 역시 수용자와 대상 간에 소유관계가 내재되어 있는지 살펴보기로 하자.

(76) 老师问学生一个问题。
　　선생님은 학생에게 질문 하나를 했다.

위의 예문에서 수용자와 대상을 'A有B' 형식을 써서 나타내면 다음과 같이 중의성을 지니게 된다.

(76') 学生有一个问题。
　　a. 학생에게 문제가 있다.
　　b. 학생이 질문이 있다.

(76b)는 선생님이 학생에게 질문을 던짐으로써 학생과 질문 간에 소유관계는 일시적으로 발생하지만 오히려 질문에 대답해야 할 의무가 발생한다. 이에 따라 '学生'과 '一个问题' 간의 문제는 다소 복잡한 의미적 해석이 요구된다. 예문에서 보듯이 전달 도식에서 수용자와 대상의 긴밀한 연쇄 관계를 단순하게 소유관계로 해석하는 것은 합리적이지 못하다.

우향성 이중목적어구문에서 행위자는 [+자주성], [+사동원인성]의 의미적 특징을 가지고 있다. 이 같은 의미적 특징에서 행위자가 상태변화를 이끌어내는 힘을 지닌 작용력의 원천이라는 사실을 분명하게 보여준다. 행위자는 사건의 주동적인 역할을 수행하기 때문에 전달사건에 내재된 사태를 미리 예측할 수 있다. 수용자의 경우 전달사건에서 수동적 입장을 취하므로 사건에 대한 예측가능성은 상대적으로 낮다. 사건의 예측가능성에 대해서는 다음 절에서 자세하게 논할 것이다.

1.4.2. 좌향성 이중목적어구문

좌향성 이중목적어구문은 작용력의 방향이 오른쪽으로 향했다가 최종적으로 왼쪽을 향하며 좌향성 전달 도식이 이에 해당한다. 좌향성 전달 도식에서는 전달사건의 종료 결과 작용력의 원천인 행위자와 대상 간에 소유관계가 이루어진다.

다음의 좌향성 전달 도식에서 행위자와 수용자 간에 내재된 작용력의 방향은 복잡하게 나타나고 있다.

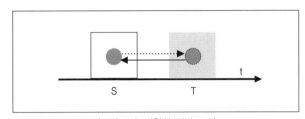

〈그림 4.7〉 좌향성 전달 도식

좌향성 전달 도식은 행위자 측면에서는 대상에 대한 '취득'의미를 수용자 측면에서는 대상에 대한 '이탈'의미를 구현하게 된다. <그림 4.7>의 좌향성 전달 도식에서 점선의 화살표는 행위자가 촉발하는 작용력이며 실선의 화살표는 행위자가 수용자의 소유물을 양도받게 되었음을 나타낸다. 좌향성 전달 도식의 작용력은 미는 힘과 당기는 힘이 작용하므로 복잡하게 나타나지만 사건은 시간순서의 원칙을 준수하고 있다.

좌향성 이중목적어구문의 동사는 '买, 费, 赢, 偷, 抢, 打' 등이 해당된다. 다음의 예문을 통해서 좌향성 이중목적어구문의 수용자 논항의 의미적 특징을 살펴보기로 하자.

> (79) 他买了玛丽一本书。
>
>   그는 메리에게서 책 한 권을 샀다.
> (80) 他偷了我一辆自行车。
>
>   그는 나에게서 자전거 한 대를 훔쳤다.

(79)에서 책을 판매한 '玛丽'는 매매를 성립하기 위해 '능동적 주체'가 되어야 하므로 [+능동성]의 의미적 특징을 지닌다. 수용자가 물건을 판매하는 행위가 명시적으로 나타나지 않지만 매매를 성립하기 위해서 능동적인 입장을 취했을 것이다. (80)에서 수용자 '我'가 능동적으로 부정적 정서를 수용했다고 보기 어렵기 때문에 [-능동성]의 의미적 특징을 지닌다고 할 수 있다.

좌향적 이중목적어구문에서는 전달 사건이 완료된 결과 행위자와 대상 간에 소유관계를 이루게 된다. 다음에서는 좌향성 이중목적어구문과 유사한 의미를 지니는 'S+V+N₁的N₂' 구문의 비교를 통해 두 구문의 사건구조를 살펴보기로 한다.

> (81) a. 他买了玛丽一本书。
>
>   그는 메리에게서 책 한 권을 샀다.
>
>   b. 他买了玛丽的一本书。
>
>   그는 메리의 책 한 권을 샀다.

(81b)는 '他'가 '玛丽'의 '书'를 구입한 결과 '他'가 '书'을 소유하고 있다는 의미로 해석된다. 서로 유사한 의미를 갖더라도 형태적

다름은 다른 의미로 해석할 수 있다는 동기성[43]에 따라 사건구조의 관점에서 두 예문의 의미적 차이를 살펴보기로 하자.

(81a)의 경우 '접촉 → 이탈 → 전달 → 소유'의 사건구조를 이루고 있다. '他'가 '玛丽'의 '一本书'와 접촉 및 '玛丽'로부터 '一本书'가 이탈되는 사건은 출발공간으로 사상되며 '他'가 '一本书'를 소유하는 사건은 목표공간으로 사상된다. (81b)의 경우는 '접촉 → 소유'의 사건구조를 이루고 있다. 따라서 행위자 '他'가 '玛丽'의 '一本书'를 구입하는 단순 사건으로 구조화된다. 두 구문의 사건구조를 살펴보면, (81a)는 복잡한 사건이 하나의 통합된 사건으로, (81b)는 단순한 사건구조로 이루어졌음을 알 수 있다.

좌향성 이중목적어구문에서 전달 사건이 완료된 결과가 행위자와 대상 간에는 소유와 피소유 관계가 이루어진다.

(82) 他偷了小王一辆自行车。
　　 그는 샤오왕에게서 자전거 한 대를 훔쳤다.

전달 사건이 종료된 시점에서 '自行车'의 실제 소유자는 행위자 '他'이다. 사건구조의 측면에서 살펴보면, 출발공간에서 '小王'과 '自行车' 간에는 분리 관계를 이루고 있으며 목표공간에서 '他'와 '自行车' 간에 소유관계를 이루고 있다. 그러나 陆俭明(1988 : 31)은 이중목적어구문의 용례를 통해 NP2와 NP3는 소유관계를 나타내는 수식구조로 의미 확장을 할 수 없다고 주장한 바 있다. 그에 따르

---

43) Haiman(1988) 참고.

면, 이중목적어구문에 출현하는 동사는 3가동사이기 때문에 행위자
와 대상 간에 소유관계가 발생하지 않는다는 것이다. 石毓智(2004 :
84)는 취득류 동사의 경우 간접목적어와 직접목적어 간에 소유관계
가 존재할 수 없으며 이들은 기타 유형의 구조로 보아야 한다고 하
였다. 李宇明(1996)은 좀 더 과감하게 이중목적어구문은 소유의미를
보유하고 있지 않다고 주장하고 있다. 이러한 사실은 전달 도식에
서 소유개념이 어순의 결정적인 요소가 아니라는 것을 보여주고
있다.

　이에 좌향성 전달 도식에서 행위자, 수용자, 대상 간의 상호 영
향관계가 거리적 관계에 어떻게 반영되어 있는지 사건의 예측가능
성을 토대로 논의하기로 한다.

　(83) 他买了玛丽一本书。
　　　 그는 메리에게서 책 한 권을 샀다.
　(84) 他偷了我一辆自行车。
　　　 그는 나에게서 자전거 한 대를 훔쳤다.

　(83)의 경우 수용자 '玛丽'는 책을 판매한 대가로 금전적 이득을
취득했으므로 긍정적인 정서를 경험하고 있음을 추론할 수 있다.
(84)의 경우 수용자 '我'는 '自行车'를 강탈당했기 때문에 부정적
정서를 경험하고 있음을 추론할 수 있다. 물건을 구입하거나 타인
의 물건을 훔치는 행위는 행위자의 자발적인 의도에 의해서 실현
되는 것이다. 따라서 행위자는 사건의 결과를 미리 예측할 수 있다.
수용자의 경우 사건에 대한 예측가능성이 낮기 때문에 그 결과에

대해서 심리적 부담이 생기게 된다. (83)의 수용자는 구매를 성립시키기 위해 다양한 거래 조건을 제시하면서 구매자를 설득할 수 있다. 그러나 거래를 성립시키지 못할 가능성도 존재하기 때문에 판매 행위에 대한 심적 부담을 경험하게 된다. (84)에서 수용자는 예측하지 못한 상황에서 소유물을 강탈당했기 때문에 부정적인 정서를 경험하게 된다.

행위자가 문두에 위치하는 것은 필연적이라고 보는데 이는 행위자가 작용력을 촉발하여 전체 사건을 능동적으로 지배하는 역할을 하기 때문이다. 수용자는 행위자에 의해서 대상과의 관계가 이루어지므로 행위자와 수용자는 직접적인 거리적 관계를 이루게 된다. 수용자의 경우 대상의 취득과 이탈로 유발된 정서적 경험이 사건이 예측가능한 행위자에 비해 직접적이므로 수용자와 대상은 거리적으로 인접하게 위치하게 된다. 이처럼 전달 도식의 세 논항은 유기적이고 복잡한 내재적 관계를 이루고 있으며 이러한 상호 영향 관계가 표층구조에 반영되어 행위자, 수용자, 대상의 거리적 관계를 이루고 있음을 확인할 수 있다.

2. 비−시간순서 모형(non-temporal sequence model)

비−시간순서 모형에서는 시간성을 함의하고 있다는 것을 전제로 논의를 전개하고자 한다. 비−시간순서 모형에서 논의되는 사건 도식은 '존재 도식'과 '비교 도식'이며 이러한 도식은 인간의 본질적인 사유가 내재되어 있다고 본다.

2.1. 존재 도식(existence schema)

우리의 감각 경험과 인식 과정은 눈앞에 보이는 존재를 지각하는 것으로부터 시작한다. 존재란 지각된 실체를 의미하며 내부적, 외부적 관계를 맺음으로써 실존하는 대상으로 인식된다. 이를 테면 '불'은 구체적으로 표상되면서 외부적 관계를 맺으며, '뜨거움'은 불의 구체적 이미지로부터 확장된 추상적 실체로 표상되면서 내부적 관계를 맺는다. 불과 같은 구체적 실체나 뜨거움과 같은 추상적 실체는 공간을 통해 그들이 내포하고 있는 이미지를 나타낼 수 있다. 예를 들어, '방바닥이 뜨겁다'라는 것은 구체적 공간에 '열'이 존재하고 있음을 나타내고, '내 마음 속에 뜨거운 것이 있다'라는 것은 마음속이라는 추상적인 공간에 '열정'이나 '분노'가 존재한다는 의미로 해석된다. 존재에 대한 경험이 공간에서 현실태와 가능태로 감지된다는 점은 주목할 만하다.

그렇다면 존재란 구체적으로 어떻게 인식되는가? 토마스 아퀴나스는 '존재'는 존재자를 존재할 수 있도록 만들어 주는 내적인 근거이며 '있음'에 '활동성'을 부여해 주는 힘이라고 하였다.[44] 존재의 본질을 '있음'과 '활동성'이라고 인식한 그의 통찰력은 존재를 다만 고정적인 공간에서 움직이지 않은 채로 위치하고 있는 실체

---

44) 이봉용(1996 : 5) 참조.

라는 의식을 뛰어넘고 있다. 이에 따르면, 존재에 역동성을 부여함으로써 존재가 어떤 의식을 가질 수 있음을 전제하고 있다. 즉, '있음'의 방식으로 존재하는 정태적 대상이 '활동성'을 부여받음으로써 행위의 주체 또는 객체의 역할을 충당할 수 있다는 것이다.

우리가 일상생활에서 경험하는 사물이 '공간'에 위치하고 있다는 점에서 존재와 관련된 사건 도식을 '존재 도식'이라고 부르기로 한다. 존재 도식에서는 '有' 존재문과 '是' 존재문을 논의할 것이다.

2.1.1. '有' 존재문

존재 도식에서 사건참여자인 사람이나 사물은 공간에서 정지된 상태로 위치하기 때문에 대상에 미치는 작용력은 잠재적 에너지(potential energy) 상태로 보존된다.[45]

'有'는 존재의미와 소유의미를 나타내며 이같은 의미적 차이점 때문에 통사구조는 다음과 같이 비대칭적 양상으로 실현되고 있다.

    (85) 존재 : 桌子上有一本书。
                탁자 위에 책 한 권이 있다.
    (86) 소유 : a. 我有一本书。
                나는 책 한 권을 가지고 있다.
           b. 我有那本书。
                나는 그 책을 가지고 있다.
           c. 我有他的书。
                나는 그의 책을 가지고 있다.

---

45) 아인슈타인에 의하면 입자가 전혀 움직이지 않더라도 에너지를 가지고 있다고 한다. 김영태 역(2012) 참조.

'有'가 존재의미를 나타낼 경우에 대상은 공간과 관계를 맺지만 소유의미를 나타낼 경우에 대상은 소유주와 관계를 맺는다. '有'가 존재의미를 나타낼 때 대상은 비한정적 성분만 올 수 있지만 소유의미를 나타낼 때는 한정적, 비한정적 성분 모두 가능하다. 존재의미를 가질 때 비한정적 성분을 취하는 것은 존재 도식이 '대상의 객관적인 존재상태'를 표현하고 있기 때문이다. 소유의미를 가질 때 한정적 성분을 취할 수 있는 것은 소유주가 의지대로 처분할 수 있는 대상을 피소유물로 삼고 있기 때문이다.

다음에서 존재 도식과 존재의미를 표현하는 '在'자문의 의미적 특징을 살펴보기로 한다.

(87) 桌子上有一本书。
    탁자 위에 책 한 권이 있다.
(88) 那本书在桌子上。
    그 책이 탁자 위에 있다.

(87)은 공간이 선행하고 대상이 후행하는 어순을 선택하고 있으며 의미 중심은 '一本书'에 있다. (88)은 대상이 선행하고 대상이 점유하고 있는 공간이 후행하는 어순을 선택하고 있으며 의미 중심은 '桌子上'에 있다. 존재의미를 표현하는 구문에서 공간을 매개로 존재하는 대상의 위치가 달라짐에 따라 그 구문이 표현하고자 하는 정보적 속성은 달라진다.

이를 시·공간적 측면에서 살펴보면, (87)처럼 '공간 → 대상'의 인지적 순서를 따르는 존재 도식에서 대상은 비활성화된 정보로 간주된다. (88)처럼 '대상 → 공간'의 순서를 따르는 구문에서 대상은 화자와 청자의 의식에서 이미 활성화된 정보로 간주된다. 이에 따라 (88)의 '那本书'는 화자의 감정이입이 된 대상의 존재상태를 나타낸다.

라이언스(Lyons, 1977)는 문법적, 의미적 측면에서 공간 표현이 비공간 표현보다 더 기본적이라는 처소주의 가설을 제기하였다. 이러한 관점은 동작의 이동성을 나타내는 행위자문과 비교했을 때 존재문이 더 기본적이며 인지적 순서가 그대로 투사되어 있음을 의미한다. 우리의 인지 순서는 먼저 장소를 인지하고 나서 장소에 존재하고 있는 실체를 재인지 하는데 이러한 사유방식은 존재문의 어순과 일치하고 있다.

영어에서 존재표현을 나타내는 구문은 'There-존재문'을 대용적으로 사용하고 있다.

(89) a. There is a book on the table.
 b. On the table is a book.[46]
 c. 桌子上有一本书。
 d. *一本书有桌子上。
  탁자 위에 책 한 권이 있다.

위에서 보듯이 존재문을 구성할 때 중국어의 경우 공간을 전제로 존재대상을 지각하는 인지적 순서를 따르고 있다. 이와 달리 영어의 어순 양상은 두 가지 경향으로 구현된다. 첫째는 대상을 인지

---

46) 영어에서 이러한 형식의 존현문을 '처소도치문'이라고 부른다.

하고 나서 공간을 인지하는 방식과 둘째는 공간을 인지하고 나서 대상을 인지하는 방식이다. 'There-존재문'에서 'there'은 '추상적' 또는 '비상술적' 무대장치이며 주어의 기능을 수행하고 있다.[47] 영어에서 'there'이라는 추상적 공간이 문두에 위치하는 것은 'on the desk'를 주어로 내세울 수 없기 때문이다. 이러한 점에서 영어의 'There-존재문'은 주어부각언어의 특징을 보유하면서 '대상-공간'의 장-독립적 사유방식을 관습화하는 경향으로 나타나고 있음을 알 수 있다.

인지적으로 기본 문형에 속하는 존재문은 현대중국어 어순과 언어적 체계에 대한 정보를 제공해주고 있다. 존재문에서 구현되는 공간 구성방식은 장-의존적 사유방식을 반영하고 있으며, '배경-전경', '전체-부분'과 같은 중국어 어순의 도상성을 보여주고 있다.

2.1.2. '是' 존재문

존재 도식의 유형인 '有' 존재문과 '是' 존재문은 일정정도 공통점을 가지고 있지만 차이점도 있다.

(90) a. 前边有一只狗。
　　　밖에 개 한 마리가 있다.
　　b. 前边是一只狗。
　　　밖에 (있는 것은) 개 한 마리이다.

현대중국어에서 '有'와 '是'가 모두 존재의미를 나타내지만 이들에 내포하고 있는 의미적 차이점은 a와 b에서도 구현되고 있다.[48] '有' 존재문은 공간에 다수의 대상이 출현 가능하지만 '是' 존재문은 공간과 대상의 크기가 같거나 공간이 대상보다 크며 하나의 대상이 출현할 때 사용된다.[49]

이러한 차이점은 '有'자와 '是'자의 본래의미에서 기인한다. '有'의 본래의미인 '소유하다'와 '존재하다'의 의미를 살펴보면, 소유주는 하나 이상의 대상을 소유할 수 있으며 이는 '有'의 존재대상 역시 다수를 포함할 수 있음을 의미한다. '是'의 존재의미는 '是'의 본래의미인 대사 '이것'과 관련이 있다. 문법화 과정을 통해 획득된 '是'의 확장의미인 '판단' 역시 '특정한 무엇'에 대한 옳고 그름을 가르는 것이기 때문에 지시적 속성을 내포하고 있다. 대사에서 문법화된 존재동사 '是'의 의미를 '어느 공간에 존재하는 유일한 대상'으로 보는 것도 이같은 지시적 속성이 보전되어 있기 때문이다. 이들이 나타내는 '존재'의 의미적 차이로 인해 '有' 존재문과 '是' 존재문은 통사적으로 대응관계를 이루지 못하는 경우가 있다.

(91) a. *渾身上下滿有塵土。

b. 渾身上下滿是塵土。

온몸에 온통 흙투성이다.

(92) a. 心里有愿望。

---

48) 원래 '있음'이라는 개념은 두 종류로 나누어질 수 있는 성질을 가지고 있다. 하나는 '~이다'라는 것이고, 다른 하나는 '~이 있다'라는 것이다. 중세 이후 서양철학의 전통적인 용어로 표현하면, 전자는 '본질essence'이고 후자는 '존재existentia'이다. 김종욱 (2002) 참조.

49) 허성도(2005 : 576-577) 참조.

b. *心里是愿望。

　　마음속에 소망이 있다.

　(91b)가 적격한 문장으로 간주되는 것은 '渾身'과 그것에 존재하는 '尘土'의 크기가 동일시되기 때문이다. 만약 (92)처럼 심리적 공간과 추상적 대상과의 관계를 나타낼 경우에는 '有' 존재문으로 표현해야 한다.

　존재 도식에서 대상은 객관적인 존재 상태를 나타내기 때문에 화자의 주관성이 개입되지는 않지만 후속되는 사건에서 가변적인 대상으로 전이될 수 있다.

　(93) 桌子上有一本书, 你可以把那本书拿过去吧。

　　　탁자 위에 책이 있는데, 네가 그 책을 가져가도 괜찮아.

　(94) 我家前边是一条小河, 我们常常去那条小河游泳。

　　　우리집 앞에 개울이 있어서, 우리들은 자주 그 개울에 가서

　　　수영을 한다.

　(93)에서 선행절의 '书'는 지각의 대상이지만 후속절에서 '书'는 지각된 대상으로서 행위자에 의해서 위치 이동을 경험하게 될 것임을 추론할 수 있다. (94)에서 선행절의 '小河'는 지각의 대상이지만 후속절에서 '小河'는 지각된 대상으로서 행위자가 직접적으로 경험하는 공간으로 인식된다. 이와 같이 존재문에서 대상에 미치는 작용력은 보전(holding) 상태로 유지되고 있지만, 행위자가 촉발하는 작용력을 수수하면서 정태적 상황에서 역동적인 상황으로 전이될 수 있다.

존재 도식의 어순을 살펴보면, 개별언어로서 중국어와 영어의 인지적 차이를 반영하고 있다. 영미인들이 대상 중심적인 장-독립적 사고 유형을 가지고 있는 데 비해, 중국인들은 공간 속에서 대상을 인식하는 장-의존적 사고 유형을 가지고 있다.[50] 이는 중국어가 대체적으로 '전체-부분' 어순을 선택하고 있으며 영어는 '부분-전체'의 어순을 선택하고 있다는 사실로 확인할 수 있다. 이를 개념적 시·공간 측면에서 살펴보면, 현대중국어에 내재된 어순의 보편적인 경향은 'X(원인)가 있으므로 Y(결과)가 존재한다'라는 인과성에 의해서 해석될 수 있다. 인과적 판단은 '공간(x)이 있으면 사물(Y)이 존재한다'와 '공간이 있어야 사물의 존재 유무가 확인된다'라는 조건적 판단으로 확장이 가능하다. 따라서 존재 도식에 내재된 구성성분의 공간적 구성방식은 다양한 사건 도식으로 확장할 수 있는 기본적인 토양을 제공해 준다고 할 수 있다.

---

50) 박연수(2008 : 24)는 "대체로 서구인들은 각 개체가 개인의 독립성을 믿으며, 자아와 타자, 피조물과 창조주의 간격과 대립을 주장한다. 그러나 동양인들은 이 세계를 무수한 개체들이 상호 의존하고 상호 감통과 교류가 이루어지며, 부단히 운동·변화하는 하나의 거대한 유기체로 이해하는 유기체적 세계관을 지녀왔다."고 한다. 그는 또한 "동양인들은 모든 존재는 상호 의존하고, 서로 통하고, 상보적이며, 분리가 불가하다"고 하였다. 이러한 철학적 인식은 박연수(2008 : 26-27)에 잘 나타난다. 그에 의하면 "서구인은 통일된 하나의 진리, 근원적 진리를 찾아 올라가기 위한 개별적인 대상을 분석하는 방법을 선호는 반면, 중국인은 이 세계가 끊임없이 연속적인 운동을 하고 있으며, 개체들은 서로 긴밀한 연관을 맺고 있다는 유기체적 세계관을 가지고 있다. 따라서 생명을 자르거나 정지시켜 놓고 이해하려는 분석적인 방법을 거부한다. 반면 사태들과 근원적 연관성을 중시하며 종합적으로 이해하려고 한다."라고 하였다.

2.2. 비교 도식(comparative schema)

비교는 둘 이상의 대상이 완전히 같거나 다를 때 이루어지는 것이 아니라 상대성이 존재할 때 이루어진다. 두 대상 간에 공통적인 부분과 서로 다른 부분이 존재해야만 비교 관계가 성립된다는 것이다. 래내커(Langacker, 2001)에 따르면, 인간은 어느 경험 영역이나 적용 가능하고 구체적 경험의 발생에는 필수적인 다양한 인지능력을 가지고 있다고 하였다. 이를테면 우리는 두 개의 대상을 비교하여 그들 간의 동질성이나 차이점을 규명한 후 범주화할 수 있는 능력을 가지고 있다는 것이다.

사물 간의 비교를 나타내는 사건 도식을 '비교 도식'이라고 부르기로 한다. 비교는 의미적 측면에서 고려되지만 그 의미를 제대로 전달하기 위해서는 문법형식을 고려해야 한다. 화자가 비교 의미의 정보를 제대로 전달하기 위해서 문장성분의 적절한 배치가 이루어져야만 전달하고자 하는 정보를 청자가 제대로 수용할 수 있다는 것이다. 비교 도식에서는 '比' 비교문과 '有' 비교문을 논의할 것이다.

2.2.1. '比' 비교문

언어적 측면에서 비교 관계를 실현하기 위해서는 비교주체('피비교항')와 비교대상('비교항')이 전제되어야 하며 그 다음에 비교기준을 설정함으로써 명확한 비교결과를 도출할 수 있다. 현대중국어의 대표적인 비교표지는 개사 '比'자가 담당하고 있다.

(95) a. 他比我高。

    b. He is taller than me.

       그는 나보다 키가 크다.

(96) a. 他说的汉语比(他说的)日语好。

    b. He speaks Chinese than he does Japanese.

       그의 중국어는 일어보다 낫다.

(95-95)의 비교문에서 현대중국어는 비교적 단순한 형식으로 구현하는 반면, 영어는 비교적 복잡한 형식으로 구현하고 있다.

다음은 예문 (95)의 중국어와 영어에서 보이는 비교문의 형식을 순차적으로 배열하여 나타낸 것이다.

(97) 중국어 : 비교 주체 > 비교 표지 > 비교 대상 > 비교 결과

    영　어 : 비교 주체 > 비교 결과 > 비교 표지 > 비교 대상

비교주체를 문두에 위치시키고 비교표지를 통해 비교대상을 유도하는 방식은 두 언어에 나타나는 공통적인 특징이다. 그러나 비교주체의 위치만 동일할 뿐 기타 의미항목의 위치는 상이하게 분포되어 있다.

비교란 인류가 사물을 인지하는 보편적인 방식이다. 그러나 언어공동체가 지니는 사유방식의 개별성으로 인해 서로 다른 어순을 선택할 수 있다. 중국어의 경우 인지적 순서를 따라 비교주체, 비교대상을 선행하고 비교결과를 후행하고 있는데 이는 시간에 따른 인과성이 반영된다. 이러한 통사적 특징은 중국인이 관계를 중요시 여기는 장-의존적 사고유형과 관련이 있다. 관계를 중시하는 중국

인의 사유방식과 유사하게 중국어는 비교대상과의 관계를 설정한 후 이들의 정도성을 비교하는 방식으로 어순을 구현하고 있다. 영어의 경우 비교주체에 대한 비교결과가 선행하고 있으며 비교대상은 후행하는 어순을 선택하고 있는데 이는 영미인이 대상을 지향하는 장-독립적 사고유형과 관련된다. 대상을 중시하는 영미인의 사유방식과 유사하게 영어는 비교주체와 정도성을 먼저 위치시키고 현저성이 떨어지는 비교대상은 문미에 위치시키는 방식으로 어순을 구현하고 있다.

이제 비교 도식에 설정된 비교의미에 대해서 살펴볼 것이다. 비교 도식은 [+비교]의 의미자질을 지니고 있지만 이는 비교를 판단하는 필수조건이지 충분조건이라고 할 수 없다.[51] 의미적 측면에서 [+비교]의 의미자질은 비교, 판단, 대조, 선택의 구문에서도 나타날 수 있기 때문이다.[52]

(98) 这朵花很红。
　　이 꽃송이는 붉다.

(98)은 사물의 속성에 대한 판단을 나타내지만 다음과 같은 언어적 환경 속에서 사용한다면 비교의미를 내포하게 된다.

(99) (这朵花和那朵花中哪个很红?), 这朵花更红。

---

51) 刘焱(2004 : 28) 참조.
52) 刘焱(2004 : 28-36)에 의하면 이들이 가지고 있는 비교의 의미적, 화용적 기능은 차이가 있다고 한다.

(이 꽃송이와 저 꽃송이 중 어느 것이 붉지?) 이 꽃송이가 더
붉군.

만약 의미적 강세를 대상 또는 색채에 두는 경우에 각각 [+대
조]의 의미자질을 지니게 된다.

> (100) a. 这朵花'红, 那朵花'黃。
> b. 这朵花红', 那朵花黃'。
> 이 꽃송이는 붉고, 저 꽃송이는 노랗다.

이와 달리 '比' 비교문은 언어 환경에 제약을 받지 않고 비교의
미를 표현할 수 있다. 이는 '比'의 본래의미가 '비교' 의미와 관련
되기 때문이다. '比'자는 고대중국어에서 '비교하다', '견주다'라는
동사로 쓰이던 것이 문법화되면서 현대중국어에서는 '비교'를 나타
내는 문법기능을 하고 있다. '比' 비교문은 '跟……一样' 비교문(동
등 비교), '不如' 비교문(열등 비교) 유형의 어순과 유사한 경향으로 구
조화된다.53) 따라서 '比' 비교문을 살펴봄으로써 다양한 비교문에
설정된 어순의 양상 또한 유추가 가능할 것이다.
'馄饨'에 대한 시·지각적 경험과 인지적 수용성에 따라 문장의
적격성 여부는 달라질 수 있다.

> (101) a. 这碗馄饨, 看着比吃着有趣。
> 이 훈툰 한 그릇, 보는 것이 먹는 것보다 즐겁다.

---

53) 他跟我一样喜欢中国菜。['跟……一样' 비교문]
　　天时不如地利, 地利不如人和 ['不如' 비교문]

b. 这碗混沌, 闻着比吃着有趣。

　　이 훈툰 한 그릇, 냄새를 맡는 것이 먹는 것보다 즐겁다.

c. 这碗馄饨, 看着比闻着有趣。

　　이 훈툰 한 그릇, 보는 것이 냄새를 맡는 것보다 즐겁다.

d. ?这碗馄饨, 摸着比吃着有趣。

e. *这碗馄饨, 听着比吃着有趣。(刘焱, 2004 : 7)

　음식물인 '馄饨'은 주로 색깔, 향, 맛의 지각적 경험과 의미 작용을 하므로 보고, 냄새를 맡고, 먹는 차원에서 비교가 이루어진다. (101d)와 (101e)의 경우처럼 촉각이나 청각은 이미 익어서 그릇 속에 담아 놓은 '馄饨'과의 인지적 수용성이 희박하므로 비교가 이루어지기 어렵다.

　비교주체와 비교대상의 의미항은 모두 상관성을 지닌 의미 범주에 있어야 한다.

(102) 弟弟比哥哥活泼。

　　동생이 형보다 명랑하다.

(103) 动物园的狮子比熊多。

　　동물원의 사자는 곰보다 많다.

(104) 他比以前更能干, 比婚前更成熟。

　　그는 이전보다 더 유능하고, 결혼 전보다 더 성숙하다.

　(102)의 비교항은 모두 사람을 나타내고 (103)에서는 동물원 내의 동물을 나타내며 (104)는 '他'에 대한 과거와 현재의 상황을 비교하고 있다. 비교는 의미적 측면에서 이루어지기 때문에 통사적 측면보다는 의미적 측면에서 강한 제약을 받는다. 따라서 두 비교

논항이 통사적으로 비대칭성이 나타날 수 있다고 하더라도 의미적 측면에서 두 논항은 반드시 유사한 범주에 속해야 한다.

만약 동일한 범주가 아니라면 환유적 기제를 통해서 두 대상은 비교 관계를 이룰 수 있다.

> (105) 决心比石头还硬。
> 결심은 돌보다 단단하다.

(105)에서 '石头'와 '决心'의 두 논항은 구체적인 대상과 추상적인 대상으로 서로 다른 의미적 층차를 이루고 있지만 [+견고성]이라는 환유를 통해 대상 간의 비교 관계가 성립될 수 있다. 유사한 범주에서 비교항에 대한 비교가 이루어지더라도 비교 도식에 속하는 모든 구문이 적격하다는 판정을 받는 것은 아니다.

> (106) 小王比小李高。
> 小王이 小李보다 크다.
> (107) a. *这个酒比那个酒淡一点。
> b. 这个酒的颜色比那个酒淡一点。
> 이 술의 색깔은 저 술보다 좀 옅다.

(106)은 이미 관습화된 구문으로서 청자와 화자가 비교기준이 '个子'라는 것을 암묵적으로 동의하고 있기 때문에 이를 생략하더라도 문장의 적격성 여부에는 영향을 미치지 않는다. (107a)가 비문인 이유는 두 비교 논항이 동일한 의미 범주에 속하는 데도 불구하고 비교기준이 없기 때문이다. (107b)처럼 비교기준인 '颜色'를

부가해야만 적법한 문장으로 간주된다. 이미 관습적으로 사용되는 경우 (106)처럼 비교기준을 생략하더라도 대화의 격률에 위배되지 않는다. 그러나 비교기준에 대한 정보를 추론할 수 없거나 비교기준이 애매모호한 경우 비교기준의 생략은 허용되지 않는다. 만약 (107b)처럼 비교기준 '颜色'을 지정해주지 않는다면 술의 농도에 대한 비교기준으로 해석될 여지가 존재하기 때문에 이어지는 대화에서 오해를 불러올 수 있다.

비교 도식은 문장성분의 배열이 시간순서의 원리를 준수하고 있는지는 직접적으로 감지되지 않지만 시간에 따른 인과성이 내재되어 있다고 보고 있다. 비교주체는 화자가 이미 알고 있는 정보이므로 문두에 위치하게 된다. 비교대상은 비교표지 '比'에 의해서 도입되며 비교주체의 정도성 기준을 수립하기 위하여 설정된 요소이다. 비교 도식의 사건구조는 'A와 B를 비교한다'의 출발공간과 '그 결과 비교결과가 도출된다'의 목표공간으로 구조화되며 추상적 이동에 따라 두 사건은 시간에 따른 인과관계가 성립된다.

비교 도식에서 잠재적 에너지 상태인 비교주체와 비교대상은 시간의 흐름에 따라 상태변화를 초래하지 않는다. 그러나 행위자와 작용력의 수수과정을 경험하면서 가변적인 상황으로 전이될 수 있다. 따라서 비교결과는 고착화되는 것이 아니라 후속 사건에서 이차적 진술대상이 될 수 있으며 다음과 같이 능동적 주체나 수동적 객체의 지위로 전이될 가능성이 존재한다.

(108) 这本书比那本好，我要看这本书。

　　이 책이 저 책보다 좋으니, 나는 이 책을 보려고 한다.

(109) 哥哥比我力气大, 我招架不住。

　　형이 나보다 힘이 세서 내가 당해낼 수가 없다.

　지금까지 보았듯이 비교 도식 역시 공간성과 시간성이 설정된 개념적 도식으로서 출발공간과 목표공간으로 구성되어 있다. 비교 주체는 작용력의 추상적 이동을 통해 목표공간에 도달한 후 잠재적 에너지 상태로 보존된다. 사건이 종료된 후에 또 다른 상황이 발생하지 않는 한 그들의 비교의미는 지속적으로 유지될 것이다.

2.2.2. '有' 비교문

　'有' 비교문은 '有'자문의 한 부류이다. '有' 비교문은 '有'자를 써서 비교의 대상을 이끌어내고 중심술어를 사용하여 비교 방면이나 도달기준을 나타낼 수 있다. '有' 비교문의 형식은 'A有B这么/那么C'과 'A没有B这么/那么C'로 표현되며, A와 B는 명사성 성분으로 구성되며, C는 동사성 성분으로 구성된다. 이때 사용하는 '有'자의 문법 기능이 동사인지 개사인지에 대해서는 학자들마다 견해를 달리한다. '有'를 동사로 보아야 한다는 견해는 개사가 문장의 술어로 쓰일 수 없으며, 단독으로 질문에 대한 대답에 사용할 수 있다는 점을 강조하고 있다.[54] 다음의 예문에서 '有' 비교문의 질문에 대한 대답으로 사용된 '有'자는 동사를 나타낸다.

---

54) 朱德熙(1982), 吕叔湘(1999), 张豫峰(1999) 참조.

(110) A : 你有他高吗？

　　　 A : 너는 그만큼 키가 크니?

　　　 B : 有。/没有。

　　　 B : 커요./크지 않아요.

　(110)처럼 A에 대한 대답을 '有'나 '没有'로 할 수 있지만 '有他高'나 '没有他高'라고 대답할 수 없다.

　'有'를 개사로 보는 견해는 비교문의 '有'자가 시태조사와 공기할 수 없다는 점을 강조하고 있다.[55] 그러나 담화 상에서 비교대상을 손으로 지시할 수 있는 경우 '有의 목적어를 생략할 수 있다는 점은 일반적인 개사의 특징과 분명하게 구별된다.

(111) 班长指着旁边的一张桌子 : "我儿子都有∅那么高了。"

　　　 반장이 옆의 책상을 가리켰다 : "내 아들이 저만큼 크지요."

　위의 예문처럼 지시체를 지적할 수 있을 경우 '有'가 유도하는 비교대상은 생략이 가능하다. 이는 '比' 비교문에서도 동일하게 적용되고 있다.

(112) 这座山比那座(山)高得多。

　　　 이 산은 저 산보다 훨씬 높다.

(113) 我们的学校比他们的(学校)大。

　　　 우리 학교는 그들의 것보다 크다.

---

55) 林泰安(1986), 李蓝(2003) 참조.

‘有’ 비교문의 긍정형식과 부정형식은 다음과 같은 의미적 특징을 가지고 있다.

> (114) 我有他那么高。
> 나는 그만큼 크다.
> (115) 我没有他那么高。
> 나는 그보다 그만큼 크지 않다.

‘比’ 비교문의 긍정형식은 우등비교의 비교값이 등가나 근사가를 나타내는 경우가 대부분이며 부정형식은 열등비교의 ‘미치지 못함’이나 ‘이르지 못함’의 의미를 나타낸다.

> (116) 他有弟弟那么高。
> 그는 동생만큼 키가 크다.
> (117) 哥哥力气没有我这么大。
> 형은 나만큼 힘이 세지 않다.

(116)에서 ‘他有弟弟’가 전제되어야 두 인물 간의 비교가 가능하다. (117)에서도 마찬가지로 ‘哥哥’와 ‘我’를 전제해야만 두 인물 간에 비교가 이루어질 수 있다. 이러한 관점에서 비교주체와 비교대상은 활성화된 정보로 화자나 청자의 의식 속에 존재하는 특정한 ‘무엇’에 해당하며, 비교 관계는 전제로부터 도출되는 새로운 정보에 해당한다. 이에 따라 ‘有’ 비교문 역시 구정보인 ‘비교주체’, ‘비교대상’을 선행하고 신정보인 ‘비교결과’를 후행하는 인지적 순서를 따르고 있음을 확인할 수 있다.

3. 소결

이 장에서는 여섯 가지 유형의 사건 도식에 근거하여 현대중국어 어순과 언어적 체계에 공간성과 시간성이 설정되어 있음을 논의하였다.

시간순서 모형에서 이동 도식은 행위자의 동작행위가 장소를 중심으로 앞 또는 뒤에 위치하며 이에 따라 서로 다른 의미적 해석이 요구된다. '在장소+V'구문의 경우 인지적 순서를 반영하므로 문법적 수용성은 높게 나타나지만 'V+在장소'구문의 경우 좀 더 복잡한 인지적 해석이 요구되며 통사적, 의미적 제약이 비교적 엄격하다.

사동 도식에서는 '이동하는 화살' 은유를 통해 사동사건이 어떻게 구조화되고 있는지 살펴보았다. 사동 도식에서 사동자는 작용력을 촉발하면서 사건의 전 과정을 통제하는 논항이다. 사동 도식을 구성하는 사동자, 피사동자, 작용력 간의 개념적 거리를 살펴봄으로써, '动结'구문, '把'자문, 동사중출문의 주관성 위계에 차이가 있음을 규명하였다. '动结'구문의 경우 세 유형 중에서 객관적이고 주관성 정도는 비교적 낮게 나타난다. '动结'구문은 사동자와 피사동자가 거리적으로 멀리 위치하는데 이러한 배열은 피사동자에 대한 사동자의 통제력이 그다지 강하지 않다는 것을 의미한다. '把'자문에서 사동자와 피사동자는 거리적으로 인접해서 위치하는데 이러한 배열은 사동자의 작용력이 피사동자에게 직접적으로 전달될 수 있는 인지적 환경으로 이해할 수 있다. 이에 따라 행위자의 사건의 통제성은 더 높아지고 화자의 주관성의 정도 역시 그에 따라 강화되는 경향으로 나타난다. 동사중출문의 경우 작용력이 출발 공간과 목표공간에 반복 출현함으로써 사건에 대한 사동자의 통제성이 강화되는 효과를 보여주고 있다.

연결 도식의 사건 순서는 단순화 형식으로 구조화되는 경향이 나타나며, 이동 도식, 사동 도식, 전달 도식의 사건 순서는 복잡한 경향으로 구조화되는 경향이 있다. 연결 도식의 경우 연동문과 겸어문은 모두 동사구의 연결 형태를 이루고 있지만 사건구조는 상이하게 나타난다. 전달 도식은 대상의 전달 방향에 따라 우향성 이중목적어구문과 좌향성 이중목적어구문으로 나뉘며, 행위자, 수용자, 대상 간의 상호 영향관계는 세 논항의 분포 제약에 영향을 미치고 있다.

비-시간순서 모형에 속하는 존재 도식과 비교 도식은 인지적으로 기본적인 구문에 속한다. 이러한 이유는 대상은 공간을 토대로 존재의미를 나타내며 비교를 통해 자신의 정체성을 드러낼 수 있기 때문이다. 두 도식에서 존재대상이나 비교주체 등은 행위자와 작용력의 수수과정을 거쳐 역동성을 부여받을 수 있다. 존재 도식에서 공간과 대상의 순차적 배열 관계는 인지적 순서를 반영하고 있으며, 비교 도식에서는 먼저 두 비교 대상을 선정한 후에 비교의 미를 나타낼 수 있다는 점에서 이들의 사건구조 역시 논리적, 인지적 순서에 부합하고 있다.

제 5 장

중국어 어순에 관한 단상

이 책에서는 인지언어학적 방법론인 개념적 은유와 사건 도식을 토대로 현대중국어 어순과 언어적 체계의 본질적인 특징을 살펴보았다. 현대중국어 어순의 특징 중의 하나는 SVO 언어에 속하면서도 언어 유형학에서 제시되는 보편적 원리에서 벗어나는 경향이 많이 발견된다는 것이다. 예를 들어 관계절이나 여러 개의 관형어가 중심명사를 수식하는 구조에서 SOV 언어 유형과 유사한 특징을 보이고 있다. 특히 영어와 비교했을 때 현대중국어가 SVO 언어의 유형학적 특성에서 벗어나는 경향은 더욱 두드러지게 나타나고 있다. 현대중국어의 또 다른 특징은 문장이 연결어미나 띄어쓰기 없이 덩어리(chunking) 형태의 통합된 구조로 구성된다는 점이다. 이같은 언어적 특징이 나타나는 것은 오랫동안 축적된 중국인의 사유방식이나 어떠한 메커니즘이 중국어의 내부구조에 작동하고 있기 때문인 것으로 보인다. 이에 인간의 사유방식과 관련이 깊은 인지언어학적 방법론으로 현대중국어 어순을 분석하고 규명하는 작업은 의미하는 바가 깊다.

인지언어학적 관점에서 현대중국어 어순은 시간순서의 원리를 준수한다는 견해가 지배적이다. 그러나 현대중국어 어순을 시간순서의 원리만으로 설명하는 데는 한계가 있다. 대부분의 학자들은 시간순서의 원리만으로 설명할 수 없는 경우 애매한 답변을 제시하거나 예외적인 문장이라는 결론을 내리고 있을 뿐이다. 이 책에서는 어순을 시간개념으로 해석할 수 없었던 이유를 공간개념에 대한 분석을 소홀히 했다는 점에서 찾고 있다. 이러한 태도는 시간개념은 공간개념을 토대로 이해할 수 있다는 인식에서 기인한다. 이에 따라 개념적 은유에서 제시되는 근원영역과 목표영역을 근거로 개념적 공간 모형과 개념적 시간 모형을 설정하여 현대중국어 어순의 인지모형을 구축하였다.

개념적 공간 모형의 하위체계는 시각화 공간과 관계 공간으로 이루어져 있다. 시각화 공간은 인지적 책략에 따라 화자가 발화를 하기 전에 무엇을 먼저 말하고 무엇을 나중에 말할 것인지를 결정하는 공간 구성방식이다. 시각화 공간에서 구축된 공간적 틀은 '배경-전경', '전체-부분', 정보적 가치에 따라 '배경-전경', '구정보-신정보', '주제-평언', '주제-초점', '한정성-비한정성'의 하위체계를 구성하고 있다. 시각화 공간에서 제시되는 초점은 문장 내에서 다양한 위치에 올 수 있으며 두 개 이상 부여할 수 있다는 점에서 다른 유형에 비해 역동적인 공간적 특징을 지니고 있다. 그러나 '최소 작용의 원리'에 따라 초점 역시 공간적 제약을 받고 있음을 밝혔다. 관계 공간의 하위체계는 작용력과 인접성으로 이루어져 있다. 작용력은 공간을 연쇄하는 동력으로 간주되며, 인접성은 공간 간의 힘의 영향관계에 따른 거리적 인접 관계를 설정해주는 언어 내적성분이다. 시각화 공간에서 구축된 공간 구성방식은 관계 공간을 통해서 개념적 시간 모형으로 상속된다.

개념적 시간 모형은 실제적으로 발화가 이루어지는 장(field)으로 간주된다. 개념적 시간 모형에서는 현대중국어의 다양한 구문을 사건 도식에 투사하여 도상성의 원리 — 시간순서의 원리, 인접성의 원리, 작용력의 원리 — 를 토대로 어순의 시·공간성에 대한 논의가 이루어졌다. 개념적 시간 모형은 어순에 내재된 시간성에 따라 시간순서 모형과 비−시간순서 모형으로 분류하였다. 시간순서 모형은 이동 도식, 사동 도식, 연결 도식, 전달 도식으로 나누어 논의하였으며, 비−시간순서 모형은 존재 도식과 비교 도식으로 나누어 논의하였다.

이 책에서는 존재 도식에서 논의된 존재문을 인지적으로 가장 기본적인 구문으로 보고 있다. 존재문이 공간에서 대상의 존재 상태를 묘사하고 있기 때문이다. 우리는 공간을 먼저 인지하고 나서 대상을 재인지하는 인지적 순서를 따르는데 이는 현대중국어 존재문의 어순과 일치하고 있다. 물리적 측면에서 잠재 에너지(위치 에너지)가 운동 에너지로 변화할 수 있듯이, 언어적 측면에서 존재문의 존재대상은 다른 사물과의 힘의 수수과정을 거쳐 역동적인 상태로 변화할 수 있다. 이는 존재 도식에 담긴 대상에 외부 에너지가 이입되면서 기타 유형의 사건 도식으로 확장할 수 있는 개연성을 가지고 있음을 의미한다. 예를 들어 존재문의 존재대상은 이동 도식에서 공간을 매개로 활동하는 행위자의 역할을 충당할 수 있다. 사동 도식에서는 작용력을 촉발하는 사동자와 힘의 대립자로 간주되는 피사동자의 역할을 충당할 수 있다. 연결 도식으로 의미를 확장하면 사건을 통제하는 행위자가 될 수 있으며 행위자역과 수동자역을 겸하는 피행위자(passive-agent)의 역할을 충당할 수 있다. 전달 도식에서는 전달의 주체인 행위자의 역할을 충당하거나 수동적 힘을 취하는 수용자의 역할을 충당할 수 있다. 존재문을 기본적인 구문으로 보는 것은 사물에 대한 인식 태도를 반영한 비교 도식으로도 의미를 확장할 수 있기 때문이다. 비교 도식에서 비교란 우리가 사물을 인식하는 태도이다. 그러나 비교문이 경우에 따라 화자의 주관성을 내포한다는 점에서 존재문보다는 덜 전형적인 구문으로 간주된다. 존재문의 지각된 대상이 비교문으로 의미 확장을 했을 때 비교주체가 될 수도 있고 비교대상으로 역할을 충당할 수 있다는 점에서 그러하다.

　현대중국어 존재문이 이처럼 다양한 구문으로 확장될 수 있는 것은 존재문에 내재된 공간 구성방식에서 기인한다. 시각화 공간에서 구축한 공간 구성방식이 관계 공간을 통해 '개념적 시간 모형'으로 계승될 때 어순은 '공간-대상', '전체-부분'의 인과성으로 구현될 수 있다. 그러나 초점과 같은 화용적 수단은 화자의 주관성에 의해 결정되기 때문에 '공간-대상'과 같은 공간적 제약이 언제나 유효한 것은 아니다. 그럼에도 불구하고 존재문에서 구축된 공간적 틀은 현대중국어 어순에 담긴 시·공간적 의식을 해석할 수 있는 단서를 제공하고 있다.

지금까지 논의를 통해 시·공간적 측면에서 현대중국어 어순에 담긴 공간의식은 중국인의 사유방식과 관련이 있다는 것을 확인할 수 있었다. 이같은 사실은 중국인의 사유방식이 중국어의 언어적 체계를 관통하고 있다는 사실로 귀결할 수 있다. 현대중국어 어순을 고찰하는 것은 언어적 체계의 본질을 규명하는 작업이면서 중국인이 가지고 있는 정신적 삶을 꿰뚫어보는 흥미로운 과정이었다.

용어 설명*

▶ **개념적 공간 모형(conceptual space model, 槪念空間模型)**

이 책에서 제시한 용어이다. 신체적 경험을 기반으로 '앞 – 뒤', '위 – 아래', '오른쪽 – 왼쪽'의 방향성은 대립적 분포를 이루는 이원적 공간으로 구성된다. 따라서 개념적 공간은 시간의 축에서 '앞'과 '뒤'의 위치 관계로 구조화되는 공간적 특징을 지닌다. 이 책의 개념적 공간 모형에서는 실제적인 발화가 이루어질 수 있도록 공간 간의 연쇄와 거리적 관계를 형성하는 추상적 공간인 '관계 공간'을 포함한다. 따라서 개념적 공간 모형은 발화전에 이루어지는 공간 구축과 공간 간의 연결 관계에 대한 설명력을 제공한다.

▶ **개념적 시간 모형(conceptual temporal model, 槪念時間模型)**

이 책에서 제시한 용어이다. 시간은 공간의 이동이라는 추상적 사고를 통해 인식한다. 인지언어학에서 시간에 대한 모형은 자아 토대적(ego-based) 모형과 시간적 순서 모형(temporal sequence model)으로 나뉜다. 이 책에서는 발화라는 관점에서 현대중국어 어순을 살펴보기 때문에 시간적 순서 모형을 채택하고 있지만 개념적 공간 모형의 계승 관계 속에서 발화가 이루어지는 것으로 보기 때문에 어순을 시간순서의 원칙만으로 설명할 수 없음을 밝혔다.

---

* '용어 설명'은 이 책에 제시된 용어를 근거로 작성되었다. 위에 제시된 용어는 인지언어학에서 사용되는 개념어와 이 책에서 인지언어학적 개념을 사용하여 만든 용어를 포함한다. 용어에 대한 설명은 인지언어학 관련 서적과 인지언어학 사전을 바탕으로 작성하였음을 밝힌다.

▶ **개념적 은유(concept metaphor, 槪念隱喩)**

　인지의미론의 핵심 주장의 하나로 은유의 본질을 단순히 수사적 표현의 문제를 넘어서 인간의 사고와 추론 과정의 인지작용을 거쳐서 형성된 것으로 본다. 개념적 은유는 추상적인 개념을 덜 추상적이거나 구체적인 개념으로 설명하는 방식이다. 예를 들어 'A is B'를 '인생은 여행이다'의 은유적 표현으로 제시하면 '인생'은 추상적 개념을 나타내며, '여행'은 구체적 개념을 나타낸다. 이론적 측면에서 Lakoff(1987)는 개념적 은유를 근원영역에서 목표영역으로의 사상(mapping)으로 설명하고 있으며, Fauconnier(1997)는 혼성이론의 관점에서 설명하고 있다.

▶ **게슈탈트(Gestalt, 整形/完形)**

　어떤 개별적인 대상들을 하나의 통일성이 있는 것으로 지각하는 인지작용으로 조직화에 의해 형성되는 통합은 '총화' 이상의 가치를 지닌다.

▶ **게슈탈트 원리(Gestalt principle, 整形原則)**

　지각적으로 형태를 통합할 때 작용하는 게슈탈트 원리에는 전경 - 배경 분리, 근접성, 유사성, 규칙성, 패쇄성, 연속성, 작음의 원리에 의해서 제약을 받는 지각적 요인이 적용된다. 게슈탈트 원리는 경험의 구조를 제공하지만 실제적으로 경험을 제약한다.

▶ **계승(inheritance, 继承)**

　특정한 은유가 더 추상적인 은유로 계승되는 현상을 말한다. 예를 들어 공간개념과 시간개념 간에는 계승관계를 통해 연결되며, 시간개념은 계승관계에 의해서 복잡한 방식으로 구조화된다.

▶ **근원영역(source domain, 原領域), 목표영역(target domain, 目标領域)**

　어떤 영역(근원영역)에서 다른 영역(목표영역) 간에는 대응 또는 사상(mapping)된다. 예를 들어 '인생은 여행이다'의 은유적 표현에서 여행은 근원영역에 해당하고, 인생은 목표영역에 해당한다. 근원영역인 여행은 여행자, 운송수단, 방향, 목적지는 목표영역에서 각각 사람, 관계, 특정 경로, 목표의 관습화되는 사상관계를 이루고 있다. '시간은 공간이다'의 은유적 표현에서 공간은 근원영역에 해당하고 시간은 목표영역에 해당한다. 따라서 이 책에서는 시간성에 공간적 특징들이 담겨 있는 것으로 본다.

▶ 단일방향성(unidirection, 単方向性)

이는 은유가 근원영역에서 목표영역으로 사상할 수 있지만 그 역은 성립되지 않는다는 의미이다. 예를 들어서 '인생은 여행이다'의 은유적 표현에서 '인생'은 '여행'에 의해서 구조화할 수 있지만 '여행'을 '인생'에 의해서 관습적으로 구조화할 수 없다는 것이다. 문법화 과정 역시 극히 드문 경우를 제외하고 단일방향성 가설을 따른다.

▶ 도상성(iconicity, 像似性)

언어의 형태와 언어의 의미 사이에는 비자의적 관계가 있음을 의미한다. 도상성이 가장 잘 드러나는 언어는 의성어이다. 예를 들어 강아지의 소리는 '멍멍'으로 표현되며, 참새는 '짹짹' 소리로 표현된다. 문장에서 사건의 순서는 시간의 도상성을 반영한다. 예를 들어 "veni vedi, vece."(왔노라, 보았노라, 이겼노라.)의 사건 순서는 시간의 도상성을 반영한다.

▶ 도상성 원리(iconicity principle, 像似性原理)

언어와 관련된 도상성 원리는 시간순서 원리, 인접성 원리, 양의 원리 등이 있다. 이 책에서는 시간순서 원리, 인접성, 원리, 작용력의 원리를 적용하여 현대중국어 어순을 분석하였다. 시간순서의 원리는 담화나 문장성분의 순서가 시간순서 원칙을 준수하고 있음을 의미한다. '주제－평언', 사건의 경험적, 논리적 순서와 문화, 사회적 조건의 순서 역시 시간순서의 도상성이 반영된다. 인접성의 원리는 주어와 술어의 위치, 술어와 목적어의 위치, 수식어의 배열순서, 문장성분의 거리적 관계 등을 설명할 때 사용된다. 작용력의 원리는 어순에 사물의 상태변화나 에너지의 보전상태 등의 물리적 힘이 반영되어 있음을 의미한다.

▶ **동기 부여(motivation, 动因)**

인지언어학의 궁극적인 목표는 인간의 인지가 절대적인 규칙에 의해서 규정되는 것이 아니라 경향성에 의해 이해할 수 있다는 것에 중점을 둔다. 즉 언어 현상들은 동기 부여된 패턴에 따라서 발휘된다.

▶ **망 모형(network model, 网模型)**

망 모형은 유사성과 주관성에 의해 도식이라는 교점(node)이 연결된 구조를 갖는 범주화 모형이다. 망 모형의 최소 형태는 <그림 1>과 같이 세 개의 교점으로만 이루어져있다.

확장은 원형과 다른 특성을 가지고 있지만 원형의 세부항목을 계승한다는 점에서 유사성에 의해 연결되어 있다고 볼 수 있다. 어떤 개념의 범주관계에서 교점 간의 연결 거리는 원형과의 유사성, 근접성에 의해 결정된다. 예를 들어 '새'의 범주에서 참새는 새의 전형에 가까우므로 원형과의 연결 거리는 짧고, 타조는 새의 전형에서 멀어지기 때문에 원형과 멀리 연결된다.

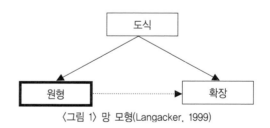

〈그림 1〉 망 모형(Langacker, 1999)

▶ **범주화(categorization, 范畴化)**

인간의 가장 기본적인 인지과정으로서, 사물을 분류하는 인간의 인지능력을 의미한다. 범주화된 사물은 유사성과 차별성의 관계에 따라 사물의 자질을 구분하여 범주의 구성원 자격이 결정된다. 범주는 그 구성하는 원

소의 전형성에 따라 모호한 구성원을 범주의 구성원으로 포함시키기도 한
다. 예를 들어, 닭은 인간이 사육하고, 타조는 땅위를 빨리 달릴 수 있으며,
펭귄은 하늘을 날지 않고 바다를 헤엄치고 잠수를 하기까지 한다. 참새와
같은 전형적인 구성원이 원형으로서 존재하고 단계를 거치면서 펭귄과 같
은 주변적 구성원이 불명확한 경계를 형성하고 있다.

▸ 사건 도식(event schema, 事件图式)

　사건 도식은 기본적으로 공간성과 시간성을 내재하고 있는 개념적 도식
이다. 사건 도식은 '사람은 그릇'이라는 은유적 표현에 기초를 둔다. 그릇
에 내용물을 담을 수 있듯이 사람을 물리적, 경험적, 정서적 사건 등을 담
을 수 있는 용기로 은유화할 수 있다는 것이다. 이 책에서 사건 도식은 출
발공간과 목표공간의 내적구조로 이루어졌으며 사건참여자는 상태변화를
경험한다.

▸ 사상(mapping, 映射)

　어떤 영역과 다른 영역 간의 유사한 요소들을 대응시키는 인지작용이다.
개념적 은유에서 근원영역을 구성하는 요소가 목표영역에 구성하는 요소
와 대응한다는 의미이다. <그림 2>는 A가 B로 사상되고 있음을 보여준다.

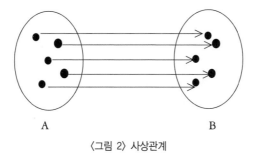

〈그림 2〉 사상관계

▶ **선형성(linearity, 线性)**

직선으로 표시되는 일차원적 관계를 의미한다. 선형성은 어순이 시간순서에 따라 배열되어 있음을 설명할 때 유용하다.

▶ **신체적 경험(bodily experience, 身体经验)**

인지의미론에서 기본이 되는 개념은 대부분 신체적 경험, 신체적 감각, 신체적 인지의 여러 가지 특성에 의해 동기화된다. 신체적 경험은 '위－아래', '앞－뒤', '오른쪽－왼쪽'과 같은 지각적으로 감지할 수 있는 경험뿐만 아니라 공간 간의 거리적 인식, 중력에 대한 물리적 경험, 상상력과 같은 다양한 공간개념을 인식하는 근거가 된다. 이러한 공간개념은 추상적 사고를 통해 시간을 경험할 수 있는 방식에 영향을 미친다. 인지언어학적 측면에서 신체적 경험에서 동기 부여된 공간개념과 시간개념은 언어의 본질을 인간의 고유한 경험에 의해 해석할 수 있는 인지적 설명력을 제공한다.

▶ **수도관 은유(conduit metaphor, 管道隱喩)**

Reddy(1977)에 의해 제기된 수도관 은유는 생각을 상대방에게 이동시킴으로써 전달이 완성된다는 기본적인 인지적 방식이다. 그는 우리는 수도관처럼 선적인 순서대로 말하고 글을 쓰기 때문에 언어를 선적인 순서로 개념화한다고 설명하고 있다.

▶ **용기(container, 容器)**

Lakoff(1987)는 '신체는 감정을 담는 용기'이라는 은유적 표현을 제시하였다. 용기에 내용물이 담겨지기 위해서는 일정한 공간을 가져야 하고 경계 지어져야 한다. 언어적 측면에서 용기는 언어적 표현, 문장, 사건을 담는 도구이다. 이 책에서는 사건 도식을 용기로 보고 있다.

▶ **윤곽부여(profiled, 轮廓)**

인지문법에서 의미극이나 음운극에서 현저성이 높은 부분이며, 언어표

현이 직접적으로 지시하는 부분이다. 예를 들어 직각삼각형의 '빗변'은 세
개의 직선으로 이루어진다. 그런데 '빗변'이 의미하는 바는 이 형상의 전
체를 지시하는 것이 아니라 화자의 의식에 존재하는 부분구조인 비스듬한
직선에 주목하는 경우이다. 다음의 그림은 토대와 윤곽을 나타낸다.

〈그림 3〉 직각삼각형의 빗변(Langacker, 1999)

위의 현저화된 윤곽과 대비를 이루는 토대는 각각 배경과 전경의 개념
의 기초가 된다. 윤곽의 개념이 문장구조에 반영되었을 때 '어디에 사물이
놓여있다'라는 장면이 주어지면 '어디에'는 토대에 해당하고, 사물에 윤곽
부여(profiling)되었다고 표현할 수 있다.

▶ 주의 배분(attention distribution, 注意分配)

주어진 전체 장면 중에서 관심을 끄는 요소에 주의를 기울이는 인지능
력이다. Talmy(1996)는 주의 배분이라는 용어 대신에 창문화(windowing)라는
용어를 사용하여 장면에서의 특정한 양상에 더 주의를 집중한다고 설명한
다. 전제 사건을 놓고 볼 때 주의를 끄는 특정한 장면은 전경에 놓이고 나
머지 장면은 배경에 놓인다. 언어적 측면에서 의존구보다는 독립구에 주의
배분이 이루어진다.

▶ 현저성(prominence/salience, 显性)

언어의 사용 장면에서 초점화된 부분적 장면을 의미한다. 현저성은 화
자의 주관적 태도에 따라 달라질 수 있다. 예를 들어 화자가 직각삼각형의
전체 장면에서 '빗변'을 의식하고 있다면 발화 과정에서 빗변을 주목하여

그 부분을 초점화한다.

▶ 환유(metonymy, 转喻)

환유는 은유와 달리 '대표' 관계를 나타낸다. 따라서 '부분이 전체를 대표하거나 한 부분이 또 다른 부분을 대표한다'의 언어적 표현으로 이해할 수 있다. 환유에서 대표를 나타내는 영역이나 개념은 전형적이고 그 영역을 통해 지시되는 다른 영역은 현저하거나 이상적일 수 있다. 환유가 'X는 Y를 대표한다'라는 개념적 관계를 나타내는 반면, 은유는 'X는 Y에 의해서 이해한다'라는 개념적 관계로 나타낸다.

참고문헌

1. 논문

강병규(2011), <중국어 명사구 어순에 대한 언어 유형론적인 고찰>, 중국문학 제70집.

강병창(1998), <정보구조와 문법의 상호작용>, 한국외국어대학교 박사학위 논문.

김광현(2001), <영어 통사구조의 도상성>, 동아대학교, 박사학위 논문.

김영민(2007), <현대중국어 임시양사 소고>, 중국어문논역총간 Vol.20.

김세미(2003), <현대중국어의 '중국어식 주제문' 연구>, 연세대학교 박사학위 논문.

김영철(1992), <지시와 한정성>, 강릉대학교 인문과학연구소 인문학보 제14집.

김정숙(2010), <현대중국어 '존재표시 술어구문' 연구>, 한국외국어대학교 석사학위 논문.

김종도(2003), <은유의 진리값>, 한국어학 제19권.

김현철(2003), <몇 가지 중국 어법 용어 정의 문제에 대하여>, 중국어문학논집 제24호.

김현철, 손미리(2009), <'王冕死了父亲(Sp+Vi+Oa)' 구문의 존현문 성립 여부 고찰>, 중국어문학론집 제59호.

곽 진(2000), <움직이는 시간성을 적용한 도심공원으로서의 Achitectual Landscaple 계획안>, 경기대학교 석사학위 논문.

권현주(2005), <현대중국어 겸어문의 통사·의미적 특징>, 성균관대학교 석사학위 논문.

권영문(1999), <도상적 근접성의 의미 양상>, 언어과학연구 16.

문병태(1994), <영어 이중목적어구문에서의 목적어성>, 경상대논문집 33(2).

박정구(1988), <존재문에 쓰이는 동사의 특성 연구>, 서울대학교, 석사학위 논문.

박종한(1994), <현대중국어 동사 유의어의 분석방법에 관한 연구>, 서울대학교 박사학위 논문.

방인영(2011), <현대중국어의 주제(Topic) 분석에 관한 연구>, 전북대학교 석사학위 논문.

송민용(2006), <현대중국어 '是'구문의 구조와 특징>, 고려대학교 석사학위 논문.

신경선(2006), <"V在NP"结构的句法特点及对动词的选择特点>, 중국언어연구 44집.

유철기(2004), <영어 형용사 어순의 도상성 연구>, 담화와 인지 제11권 2호.

이봉용(1996), <토마스 아퀴나스의『존재와 본질』에 나타난 존재의 역동성에 관한 고찰>, 건국대학교 석사학위 논문.

이운재(2007), <現代汉语重动句研究>, 복단대학교 석사학위 논문.

_____(2012), <'전경-배경' 개념에 따른 어순 양상 소고>, 중국문학 72집.

_____(2013), <이중목적어구문의 세 논항의 위치>, 중국언어연구 45집.

이원우(1985), <현대중국어 어순의 유형연구>, 단국대학교 석사학위 논문.

이희주(2003), <역동적 의미론에서 초점 구문의 의미해석>, 호서대학교 박사학위 논문.

임지룡(1997), <영상 도식의 인지적 의미 특성>, 어문학 60, 한국어문학회.

임지룡·임혜원(2007), <연결 도식과 그 은유적 확장>, 한국영미어문학회, 한국언어과학회, 언어과학회, 현대문법학회 공동 학술대회 발표 논문.

刘 娜(2013a), <열등비교 구문 '不比'식의 의미 유형 고찰>, 중국어문학론집 제80호

_____(2013b), <현대중국어 열등비교 범주의 인지적 의미 연구-'不比'식을 중심으로>, 중국어문학론집 제81호.

전정미(1999), <인지문법으로 본 한국어 이중타동구문>, 담화와 인지 제6권 2호.

정희자(2002), <전경 함축과 배경 함축>, 담화와 인지 제9권 1호.

조은경(2009), <현대중국어 부정문의 정보구조와 부정초점 연구>, 연세대학교 박사학위 논문.

최에스터(2002), <현대중국어 겸어문 연구>, 성균관대학교 석사학위 논문.

최지영(2010), <전경·배경 원리와 구조적 도상성>, 독어학 22집.

催凤娘(2004), <중국어와 한국어의 주제구조 연구>, 중국어문학 제43집.

황선복(1996), <현대중국어 존현문 연구>, 부산대학교, 석사학위 논문.

Haiman(1980), The iconicity of grammar : isomorphism and motivation, *Language* 56.

Halliday(1967), Notes on Transitivity and them in English, *Journal of Linguistics*, 3.

陈 平(1987), <释汉语中与名词性成分相关的四组概念>, 中国语文 第2期.

陈永莉(2007), <汉语动词与相关句法成分的语序研究>, 中央民族大学 博士学位论文.

戴浩一(1988), <时间顺序和汉语的语序>, 国外语言学 第1期.

董成如(2008), <存现句的认知研究>, 苏州大学 博士学位论文.

董为光(2004), <汉语时间顺序的认知基础>, 当代语言学 第2期.

范利, 聂春梅(2001), <从认知语言学看名词临时作量词的语义演变规律>, 湖南第一师范学报 第1期.

范继淹(1982), <论介词短语"在+处所">, 语言研究 第1期.

_____(1985), <无定NP主句>, 中国语文 第3期.

高顺全(1994), <有关定指的几个问题>, 社会科学 第59期.

方 梅(1995), <汉语对比焦点的句法表现手段>, 中国语文 第4期.

吉益民(2004), <二价动核句语序的认知研究>, 福建师范大学 博士学位论文.

金钟赫(2007), <现代汉语语序的认知机制探索>, 上海师范大学 博士学位论文.

韩 丹(2008), <认知视角下的双宾句式生成研究>, 复旦大学 博士学位论文.

洪笃仁(1995), <从现代汉语的语序看"倒装">, 厦门大学学报 第4期.

胡明阳(1991), <汉语动词与相关句法成分的语序研究>, 中央民族大学 博士学位论文.

胡壮麟(1989), <语义功能与汉语的语序和词序>, 湖北大学学报 第4期.

金立鑫(1999), <对一些普遍语序现象的功能解释>, 当代语言学 第4期.

李讷, 石毓智(1997), <论汉语体标记诞生的机制>, 中国语文 第2期.

李 蓝(2003), <现代汉语方言差比句的语序类型>, 方言 第3期.

李宇明(1996), <领属关系和双宾句分析>, 语言教学与研究 第3期.

林 忠(2008), <从英汉对比的角度看现代汉语语序的特点>, 石河子大学学报, 第4期.

林泰安(1986), <这个有可以看作介词>, 汉语学习 第5期.

林纤平(2000), <英汉双宾语结构对比>, 福州师专学报 第2期.

刘丹青(2001), <汉语给予类双及物结构的类型学考察>, 中国语文 第5期.

陆俭明(1988), <双宾结构补议>, 烟台大学学报 第2期.

_____(1994), <同类词连用规则>, 中国语文 第5期.

宁文忠(2002), <对连动句式的认知和解读>, 甘肃高师学报 第3期.

沈家煊(2002), <如何处置"处置式">, 中国语文 第5期.

石毓智(2004), <汉英双宾结构差别的概念化原因>, 外语教学与研究 第2期.

宋文辉(2007), <再影响"在+处所"句法位置的因素>, 语言教学与研究 第4期.

王 还(1988), <再说说"在">, 语言教学与研究 第3期.

武氏河(2006), <现代汉语语序研究>, 南京师范大学 博士学位论文.

吴为章(1995), <语序重要>, 中国语文 第6期.

徐烈炯(2001), <焦点与不同概念及其在汉语中的表现形式>, 现代中国语研究 第3期.

延俊荣, 潘文(2006), <论"给予"的非典型参与者之建构>, 汉语学习 第1期.

周 红(2004), <现代汉语致使范畴研究>, 华东师范大学 博士学位论文.

张炼强(1997), <汉语语序的多面考察(上)>, 首都师范大学学报 第5期.

张 瑜(2000), <从认知角度看英汉多项定语的语序规律>, 金陵职业大学学报 第2期.

张豫峰(1999), <表比较的"有"字句>, 语文研究 第4期.

2. 단행본

고재걸, 정해두(2007), ≪역학－기초에서 응용까지≫, 북스힐.

곽광제 역(1986), ≪철학의 의미≫, 박영사.

김경희(2000), ≪게슈탈트 심리학≫, 학지사.

김두식(2009), ≪영어문장분석≫, 경상대학교출판부.

김두식, 나익주 역(2007), ≪인지언어학≫, 박이정.

김동환(2005), ≪인지언어학과 의미≫, 태학사.

김동환, 최영호 역(2007), ≪은유와 도상성≫, 연세대출판부.

김병원, 성기철 역(2006), ≪담화와 의식과 시간 : 언어의식론≫, 한국문화사.

김영태(2012), ≪현대물리학, 시간과 우주의 비밀에 답하다≫, 다른세상.

김진우(1999), ≪인지언어학의 이해≫, 한국문화사.

김종도(2003), ≪인지언어학적 원근법에서 본 은유의 세계≫, 한국문화사.

김종욱(2002), ≪용수와 칸트≫, 운주사.

김종호(2011), ≪현대중국어 주제화 이중명사구문 연구≫, 한국문화사.

남궁양석(2008), ≪현대중국어 어순의 정보구조와 초점≫, 한국학술정보.

박연수(2008), ≪중국인의 지혜≫, 집문당.

박이문(2010), ≪존재와 표현≫, 생각의 나무.

박영목(2013), ≪현대과학의 이해≫ 3rd, 북스힐.

박정구, 박종한, 백은희, 오문의, 최영하 역(1996), ≪표준중국어문법≫, 한울아카데미.

박종한 역(1990), ≪중국어 변형 생성문법≫, 서울 : 학고방.

안정오 역(2001), ≪기호학의 전통과 경향≫, 인간사랑.

우형식(2002), ≪국어문장성분 분류의 역사적 연구≫, 세종출판사.

이범열(2012), ≪현대중국어의 담화화용론≫, 한국문화사.

이상섭(1976), ≪문학비평용어사전≫, 민음사.

이시우(2004), ≪천문학자와 붓다의 대화 : 천문학자가 본 우주의 진리, 인간의 진
리≫, 종이거울.

이진경(1997), ≪근대적 시공간이 탄생≫, 푸른숲.

정명숙 외 역(2010), ≪인지발달≫, 시그마프레스.

정희자(1999), ≪담화문법≫, 한신문화사.

조광제(2004), ≪몸의 세계, 세계의 몸≫, 이학사.

중국언어연구회 편(1991), ≪중국어어연구1≫, 학고방.

한국중국언어학회 편저(1998), ≪중국어 어순연구≫, 송산출판사.

허성도(2005), ≪현대중국어 어법의 이해≫, 사람과 책.

北京大学中文系现代汉语教研室 편(1993), ≪现代汉语≫ [김애영, 김현철, 소은희,
심소희 역 (2007), ≪现代汉语≫, 차이나 하우스].

曹逢甫(2005), ≪汉语的句子与子句结构≫, 北京语言文化大学出版社.

车文博(1998), ≪西方心理学史≫, 杭州, 浙江教育出版社.

陈昌来(2000), ≪现代汉语句子≫, 上海, 华东师范大学出版社.

陈　平(1991), ≪现代语言学研究－理论、方法与事实≫, 重庆, 重庆出版社.

陈　忠(2006),《认知语言学研究》, 济南, 山东教育出版社.

崔希亮(2012),《语言学论文集》, 北京, 北京语言大学出版社.

丁声树, 吕叔湘(1961),《现代汉语语法讲话》, 北京, 商务印书馆.

范　晓(1998),《汉语句子类型》, 上海, 书海出版社.

范晓, 张豫峰(2003),《语法理论纲要》, 上海, 上海译文出版社.

胡裕树, 范晓 主编(1985) [김현철 등 역(2004),《현대중국어 동사연구》, 학고방].

刘丹青(2003),《语序类型学与介词理论》, 北京, 商务印书馆.

刘　焱(2004),《现代汉语比较范畴的语义认知基础》, 上海, 学林出版社.

刘月华(1989),《汉语语法论集》, 北京, 现代出版社.

陆俭明(2003),《现代汉语语法研究教程》, 北京, 北京大学出版社 [김현철 등 역
　　　　([2007] 2008),《중국어어법 연구방법론》, 차이나 하우스].

_____(2003),《作为第二语言的汉语本体研究》, 北京, 外语教学与研究出版社 [김
　　　　현철 등 역(2013),《제2언어로서의 중국어 본체 연구》, 차이나
　　　　하우스].

吕叔湘(1944),《语序类型学与介词理论》, 北京, 商务印书馆.

马建忠(1983),《马氏文通》, 北京, 商务印书馆.

屈承熹, 纪宗仁(2005),《汉语认知功能语法》, 哈尔滨, 黑龙江人民出版社.

沈家煊(1999),《不对称和标记论》, 南昌, 江西教育出版社.

_____(2006),《认知与汉语语法研究》, 北京, 商务印书馆.

石毓智(2011),《汉语语法》, 北京, 商务印书馆.

宛新政(2005),《现代汉语致使句研究》, 杭州, 浙江大学出版社.

王　力(1944),《中国语法理论》, 济南, 山东教育出版社.

吴中伟(2004),《现代汉语句子的主题研究》, 北京, 北京大学出版社.

邢福义(2002),《汉语语法三百词》, 北京, 商务印书馆 [김현철 역(2011),《중국어
　　　　어법 300문》, 차이나 하우스].

徐烈炯(1995),《语义学》, 北京, 语文出版社.

徐烈炯, 刘丹青 主编(2004),《话题与焦点新论》, 上海, 上海教育出版社.

袁毓林(1999),《袁毓林自选集》, 桂林, 广西师范大学出版社.

_____(2004),《认知语法研究的认知视野》, 北京, 商务印书馆.

赵元任(1968),《中国话的文法》, 北京, 商务印书馆.

张　敏(1998),《认知语言学与汉语名词短语》, 北京, 中国社会科学出版社.

张旺熹(2006),《汉语句法的认知结构研究》, 北京, 北京大学出版社.

_____(2009),《汉语句法结构隐性量探微》, 北京, 北京语言大学出版社.

周　红(2005),《现代汉语致使范畴研究》, 上海, 夏旦大学出版社.

朱德熙(1982),《语法讲义》, 北京, 商务印书馆.

Croft(1991), *Syntactiv Categories and Grammatical Relations : The cognitive organization of information*, Chicago and London : The University of Chicago Press.

Evans & Green(2006), *Cognitive Linguistics An Introduction*, Edinburgh University Press [임지룡, 김동환 역(2008), ≪인지언어학 기초≫, 한국문화사].

Goldberg(1995), *A Construction Grammar Approach to Argument Structure*, Chicago University Press [손영숙, 정주리 역(2005), ≪구문문법≫, 한구문화사].

Greenberg(1963), *Universal Grammar*, Massachusetts : MIT Press.

_____(1966), *Universal Gramma 2ndr*, Massachusetts : MIT Press.

Haiman(1983), *Proceedings of a Symposium on Iconicity in syntax*, Stanford : Stanford University Press.

Hawkins(1978), *Definiteness and indefiniteness : a study in reference and grammaticality prediction*, N. J. : Humanities Press, 1978.

Heim(1982), *The semantics of definite and indifinite noun phrases*, New York : Garland Publishing INC.

Hockett, Charles F.(1958), *A course in modern linguistics*, New York : Macmillan.

Hopper, Thompson(1982), *Studies in Transitivity*, New York : Seminar Press.

Jackendoff(1972), *Semantic interpretation in generative grammar*, Massachusetts : M.I.T. Press.

_____(1983), *Semantic and Cognition*, Massachusetts : MIT Press.

James H-Y. Tai 편역(1989), ≪Functionalism and Chinese Grammar≫, Chinese Language Teachers Association.

Johnson, M. 1987, *The Body in the Mind,* Chicago : The University of Chicago Press [노양진 역(2000), ≪마음속의 몸≫, 철학과 현실사].

Lakoff(1993), Contemporary *Theory of Metaphor and Thought*, Cambridge University Press.

Lakoff & Johnson(1980), *Philosophy in the Flesh*, New York : Basic Books [노양진, 임지룡 역(2002, ≪몸의 철학≫, 박이정].

_____(1999), *Metaphors we live by*, Chicago : University of Chicago Press [노양진, 나익주 역(1995), ≪삶으로서의 은유≫, 서광사].

Lambrecht(1994), *Information Structure and Sentence From : Topic, Focus and the Mental Press* [고석주 역(2000), ≪정보구조와 문장 형식 : 주제, 초점, 담화 지시물의 심적 표상≫, 월인].

Langacker(1987), *Foundations of Cognitive Grammar*, Volume I, Standford : Stanford

University Press.

_____(1991), *Foundations of Cognitive Grammar*, Vol. II, Standford : Stanford University Press [김종도 역(1999), ≪인지문법의 토대Ⅱ≫, 박이정].

_____(1999), *Grammar conceptualization*, Berlin ; New York : Mouton de Gruyter [김종도, 나익주 역(2001), ≪문법과 개념화≫, 박이정].

_____(2002), *Image, Concept and Symbol : The Cognitive Basis of Grammar*, 2nd edition [나익주 역(2005), ≪개념·영상·상징≫, 박이정].

Lyons(1977), *Semantics*, Cambridge : Cambridge University Press.

Richard Morris(1987), *Time's Arrows-Scientific Attitudes toward Time,* New York : Simon and Schuster [김현근 역(2005), ≪시간의 화살-시간에 대한 과학적 이해≫, 박이정].

Quirk(1985), *A Comprehensive grammar of the English language*, London : New York : Longman.

Ungerer, Schmid(1996), *(An)Introduction to cognitive linguistics*, Longman [임지룡, 김동환 역(1998, [2010]), ≪인지언어학 개론≫, 태학사].

Talmy(1988), *Force Dynamic in Language and Cognition*, Massachusetts : The MIT Press.

_____(2000), *Toward a Cognitive Semantics*, Massachusetts : The MIT Press.

Kövecses(2000), *Metaphor and Emotion : Language, Culture, and Body in Human Feeling*, Cambridge University Press [김동환, 최영호 역(2009), ≪은유와 감정-언어, 문화, 몸의 통섭≫, 동문선].

3. 사전 및 기타 참고자료

刘月华 등(2001a), ≪实用现代汉语语法≫, 北京, 商务印书馆 [김현철, 박정구, 오문의, 최규발 역(2005), ≪실용현대한어어법(上)≫, 송산출판사].

_____(2001b), ≪实用现代汉语语法≫, 北京, 商务印书馆 [김현철, 박정구, 오문의, 최규발 역(2005), ≪실용현대한어어법(下)≫, 송산출판사].

吕叔湘 主编(1999), ≪现代汉语八百词≫, 北京, 商务印书馆.

Evans(2007), *A Glossary of Cognitve Linguistics*, The Edinburgh University Press[임지룡, 김동환 역(2010), ≪인지언어학 용어사전≫, 한국문화사].

Y. Tsuji 편(2002), ≪认知言语学キーワード事典≫, 研究社 [임지룡, 이은미 역(2004), ≪인지언어학 키워드 사전≫, 한국문화사].

北京大学汉语语言研究中心, 现代汉语语料库 http://ccl.pku.edu.cn

百度검색 http://www.baidu.com/

찾아보기

V

저자 **이운재(李雲宰)**

서울에서 출생하였으며 서울대학교 중어중문학과 박사 학위를 취득한 후 서울대
학교, 방송통신대학교에서 강의를 하고 있다. 주요 논저로는 「시·공간개념에 근
거한 현대중국어 어순 연구」, 「현대중국어 동사중출문 연구」, 「'전경-배경' 개념
에 따른 어순 양상 소고」, 「이중목적어구문의 세 논항의 위치」 등이 있다.

중국언어학연구총서 4

인지언어학과 중국어 어순

초판 인쇄 2014년 12월 22일
초판 발행 2014년 12월 31일

지은이 이운재
펴낸이 이대현
편 집 이소희
펴낸곳 도서출판 역락
　　　　서울 서초구 동광로 46길 6-6 문창빌딩 2층
　　　　전화 02-3409-2058(영업부), 2060(편집부)
　　　　팩시밀리 02-3409-2059
　　　　이메일 youkrack@hanmail.net
　　　　등록 1999년 4월 19일 제303-2002-000014호
　　　　역락 블로그 http://blog.naver.com/youkrack3888
I S B N 979-11-5686-144-7 94720
　　　　979-11-5686-140-9 (세트)
정 가 15,000원

＊파본은 구입처에서 교환해 드립니다.